Rudolf Wentorf

Paul Schneider

BRUNNEN VERLAG GIESSEN/BASEL

ABCteam-Bücher erscheinen in folgenden Verlagen:
Aussaat- und Schriftenmissions-Verlag Neukirchen-Vluyn
R. Brockhaus Verlag Wuppertal
Brunnen Verlag Gießen
Bundes Verlag Witten
Christliches Verlagshaus Stuttgart
Oncken Verlag Wuppertal

Jubiläumsausgabe
Ein Band aus der Reihe „ZEUGEN DES GEGENWÄRTI-
GEN GOTTES", einer Biographiensammlung, deren erste
Bände 1936 erschienen.

CIP-Kurztitelaufnahme der Deutschen Bibliothek

Wentorf, Rudolf:
Paul Schneider: [d. Zeuge von Buchenwald] /
Rudolf Wentorf. –
2. Aufl. – Giessen; Basel: Brunnen-Verlag, 1986.
(ABC-Team; 3810: Taschenbücher)
ISBN 3-7655-3810-8
NE: GT

2., bearbeitete Auflage

© 1986 Brunnen Verlag Gießen
Umschlagfoto: Brunnen-Archiv
Umschlaggestaltung: Martin Künkler
Foto S. 137: Rudolf Wentorf
S. 63, 111, 119, 125: Archiv Margarete Schneider
Satz: Typostudio Rücker & Schmidt Niederkleen
Herstellung: Ebner Ulm

Inhalt

Vorwort	5
Zur Erinnerung	9
Elternhaus und Schule	13
Du bist der Töpfer, ich bin der Ton	17
Zum Dienst bereit	45
Die Auseinandersetzung beginnt	51
... und sollst mein Prediger bleiben	64
Die Presbyterien schweigen nicht	94
Wer bist du, Mensch?	123
Schlußanmerkung	138
Abkürzungsverzeichnis	140
Anmerkungen	140
Literaturverzeichnis	142

Den evangelischen Gemeinden in
Hochelheim/Kreis Wetzlar,
Dornholzhausen/Kreis Wetzlar,
Dickenschied/Hunsrück, Womrath/Hunsrück und
Frau Pfarrer Margarete Schneider, geb. Dieterich
freundlichst zugeeignet.

Vorwort

Zur ersten Auflage 1967

Ein Lebensbild über Pfarrer Paul Schneider zu schreiben, dürfte für jeden Autor ein mehr als schwieriges Unternehmen sein. Sein Kämpfen und sein Leiden sind gedanklich so schwer nachvollziehbar, weil alles so unmenschlich, so grausam war. Die Kirche ist für Pfarrer Schneider mehr als eine behördlich dirigierte Organisation Gleichgesinnter. Sie hat als Gemeinde Jesu Christi Zeugendienste in dieser Welt zu tun, damit sein Name verherrlicht werde. Gott ist für Paul Schneider der immer Gegenwärtige und Unumstößliche, der denjenigen festhält, der sich im Dennoch des Glaubens zu ihm bekennt.

Zu danken haben wir Frau Pfarrer Margarete Schneider, geb. Dieterich, die der evangelischen Gemeinde Dikkenschied/Womrath die Treue gehalten hat, für die Überlassung des in ihren Händen befindlichen Materials, Herrn Alfred Hannemann vom Lettner-Verlag, Berlin für die Abdruckerlaubnis einiger Zitate aus dem Buch „Der Prediger von Buchenwald".

Ferner haben wir an dieser Stelle dem Direktor der Nationalen Mahn- und Gedenkstätte in Buchenwald bei Weimar für die wertvollen Hinweise anläßlich eines Besuches zu danken. Wie würdig ist dort die Zelle von Pfarrer Schneider der Nachwelt zur Mahnung und zum Gedenken erhalten!

Unser Dank gilt auch seinen Leidenskameraden Alfred Leikam, Arthur Dietzsch und Walter Poller. Sie haben die Arbeit durch wichtige Beiträge gefördert.

Nach Fertigstellung des Manuskriptes sind noch wichtige Unterlagen in die Hände des Unterzeichneten gekommen, die hier keine Verwendung mehr finden konnten. Sie werden zu einem späteren Zeitpunkt der Öffentlichkeit zugänglich gemacht.

Rudolf Wentorf

Zur zweiten Auflage 1986

Nun sind eine ganze Reihe von Jahren ins Land gegangen bis die 2. Auflage, unter Verwendung der damals neu entdeckten und angekündigten Unterlagen, erscheinen kann. Dafür gibt es verschiedene Gründe. In erster Linie der Wechsel vom Schuldienst ins Gemeindepfarramt, das mir in diesen Jahren kaum Zeit für andere Arbeiten ließ. Der inzwischen angetretene „Ruhestand" schafft Raum, um weiter zu forschen. Mit Dankbarkeit muß vermerkt werden, daß gegenwärtig neu nach der Motivation der Glaubenszeugen gefragt wird; eben jener Frauen und Männer, die dem Nationalsozialismus aus christlicher Glaubensüberzeugung widerstanden haben. Diese Arbeit möchte ein wenig zur Klärung verhelfen.

Zu danken haben wir wiederum Frau Pfarrer Margarete Schneider, geb. Dieterich, und ihrer Tochter Evmarie Vorster, geb. Schneider. Anläßlich eines Arbeitsgespräches in Dickenschied vom 22.-24. Juli 1985 haben Prof. Dr. Claude Forster von der West Chester University (USA), Notar Alfred Leikam, der wegen seines Bekenntnisses von 1938 bis 1943 Gefangener der SS in Buchenwald war, und der Autor ihre Gastfreundschaft kennengelernt.

Wenn auch das Dunkel der Vergangenheit in diesen Tagen immer gegenwärtig war, so konnten durch die Beiträge von Frau Pfarrer Schneider und insbesondere von Alfred Leikam manche Fragen geklärt werden, die auch für diese und weitere Arbeiten von Bedeutung sind.

In diesem Jahr soll noch eine Dokumentation zum „Fall des Pfarrer Schneider" vorgelegt werden, die in einem erschreckenden Maß das Zusammenspiel verschiedener behördlicher Institutionen offen darlegen wird.

Dem Brunnen Verlag sei für sein Verständnis und für seine Mühe herzlichst gedankt.

Rudolf Wentorf

Zur Erinnerung

Wenn irgendwo auf der Welt ein Neues entsteht und in das Blickfeld der Zeit tritt, gesellt sich sofort ein besonderer Chronist hinzu und verläßt die Szene erst wieder, wenn das Buch der Geschichte darüber geschlossen ist. Niemand kann diesen Chronisten an seinem Tun hindern. Es gibt keinen Ort, wo er nicht ist und alles registriert: das Augenfällige wie auch das Unscheinbare. Dieser Chronist ist in jeder Hinsicht unbestechlich. Vor ihm liegt das Vordergründige und das Hintergründige offen. Der Volksmund sagt: „Die Sonne bringt es an den Tag." Der Psalmist hingegen bekundet: „Ich sitze oder stehe auf, so weißt du es; du verstehst meine Gedanken von ferne." (Psalm 139,2). Darum bezeugen wir, daß Gott nichts verborgen bleibt.

Es gibt auf unserem Erdball Stätten, die je und dann aufgrund besonderer Ereignisse die Aufmerksamkeit auf sich lenken, dann aber wieder in den Hintergrund treten, bis sie von neuem in aller Munde sind. Weimar, eine Stadt mit überreicher geschichtlicher Vergangenheit, gehört dazu. Der Chronist hatte im Verlauf der Zeiten oft alle Hände voll zu tun, um seiner Aufgabe gerecht zu werden.

1919 trat in Weimar die deutsche National-Versammlung zusammen, wählte den ersten deutschen Reichspräsidenten und verabschiedete die Verfassung des Deutschen Reiches. In den folgenden zwanziger und dreißiger Jahren unseres Jahrhunderts waren Stadt und Umgebung sehr überschaubar; von hektischer Unruhe keine Spur.

Im Juli 1937 wurden die Bürger der Stadt jäh aufgeschreckt: Irgend etwas stimmte in der Gegend nicht mehr. Niemand hatte im entferntesten zu ahnen gewagt, was sich unweit Weimars zutrug.

Das Gelände des Ettersbergs links der Weimar-Sömmerdaer Landstraße war für die Bevölkerung gesperrt worden. Kraftfahrzeuge verschiedener Art, unter ihnen verschlossene Lastwagen der SS, belebten die Straße. Unser Chronist, für den kein Stacheldraht zu eng, keine Spannung zu hoch und keine Mauer zu dick ist, war von nun Tag und Nacht unterwegs und registrierte so grausige Geschehnisse, wie sie nur in apokalyptischen Zeiten denkbar sind.

Unter Blut und Tränen wurde eine Straße gebaut und ein Lager für Menschen errichtet, die gewaltsam ihren Familien entrissen waren. Peitschenhiebe klatschten auf die unter strenger Bewachung durch die SS arbeitenden Männer nieder, immer wieder hallten Schüsse durch den Wald. Nicht von ungefähr hat die breite Betonstraße den Namen „Blutstraße" erhalten. Die Männer, die dort zur Arbeit angetrieben wurden, starben in Scharen durch Unfälle, Erschöpfung, Mißhandlung und willkürliche Tötung. Was galt den braunen Machthabern schon ein Menschenleben? Durch die Verwertung einer Leiche konnten nach Berechnung noch 200 RM verdient werden!

Der Kalender zeigt Sonnabend vor dem ersten Advent 1937 an. In den Morgenstunden fährt ein Zug aus Richtung Frankfurt am Main in den Bahnhof von Weimar ein. Ein Wagen wird abgekuppelt und auf ein besonderes Gleis geschoben. Schwerbewaffnete Polizisten umstellen sofort den Waggon. Sie achten auf jeden einzelnen, der durch die schmale Wagentür neben das Gleis tritt und legen ihm sogleich Handschellen an. Die so streng Bewachten müssen die bereitgestellten Lastwagen besteigen, und in schneller Fahrt geht es unter der Unterführung hindurch, rechts die Landstraße hinauf, bis der Fahrer ruckartig bremst und links in die „Blutstraße" einbiegt.

Nach einigen weitgeschwungenen Kurven hält er an. Die Gefesselten bekommen die Anweisung abzusteigen.

Sie stehen unter einem verhangenen Novemberhimmel. Tannen und Kiefern, die die Straße säumen und in der vorweihnachtlichen Zeit eine besondere Bedeutung haben, mögen sie für Bruchteile von Sekunden ihrer gegenwärtigen Situation entrückt haben. Am nächsten Tag würde daheim die erste Kerze entzündet. – Aber jäh werden sie aus der Traumwelt herausgerufen. Die Polizei nimmt ihnen die Handschellen ab und übergibt sie der SS. Ihre Hände sind frei. Doch schon in den nächsten Minuten spüren sie, daß sie von nun an wie Freiwild den jeweiligen Launen der SS-Männer ausgeliefert sind.

Plötzlich schreit einer von denen in schwarzer Uniform mit Totenkopf: „Karacho!" Keiner der Neuangekommenen weiß, was es zu bedeuten hat. Ehe es zum zweiten Mal geschrien wird, verstehen sie es. Die SS-Männer schlagen mit Knüppeln und Gewehrkolben wild auf sie ein. Sie beginnen zu laufen, als wollten sie um ihr Leben rennen. Die Straße kurz vor dem Lagertor heißt noch heute Karachoweg.

Unter den Neuangekommenen befindet sich der evangelische Pfarrer von Dickenschied und Womrath im Hunsrück, Paul Schneider. Wegen seiner Treue zu den Menschen in den beiden Kirchdörfern wird er nun ins Konzentrationslager hineingeprügelt. Er bekommt von der SS die Häftlingsnummer 2491.

Wir wollen das Leben von Pfarrer Paul Schneider betrachten, der als Diener am göttlichen Wort zum Zeugen von Buchenwald wurde. „Zeuge" heißt in der griechischen Sprache „martys". Unser Wort „Märtyrer" ist davon abgeleitet. Christus selbst hat seinen Jüngern befohlen, in der Welt seine Zeugen zu sein. Es schließt ein – wenn die Situation es erfordert – auch zum Märtyrer zu werden.

Wir treiben keinen Personenkult mit unseren Blutzeugen. Sie weisen uns aber auf den ganzen Ernst der Nach-

folge Jesu hin. In ihrem Gehorsam und ihrer Entschieden-
heit sind sie uns Vorbilder im Glauben. An sie sollen wir
uns erinnern lassen: „Gedenkt an eure Lehrer, die euch das
Wort Gottes gesagt haben; ihr Ende schaut an und folgt
ihrem Glauben nach." (Hebräer 13,7.) Der Zeuge weist
auf Christus, den gekreuzigten und auferstandenen
Herrn, hin.

Elternhaus und Schule

Der Höhenzug des Soonwaldes gibt dem alten Pfarrdorf Pferdsfeld[1] einen malerischen Hintergrund. Hier wurde Paul Schneider am 29. August 1897 geboren und am 29. September im Pfarrhaus getauft. Paul Schneider lebte nur kurze Zeit in seinem Geburtshaus. In dem feuchten Gemäuer hatte sich das Gichtleiden der Mutter verschlimmert, so daß die Familie froh war, als sie ein neues Pfarrhaus beziehen konnte. Hier verlebte Paul mit seinen beiden Brüdern einen Teil seiner Jugend.

Vater Schneider stammte aus Elberfeld. Seine Familie gehörte zur reformierten Gemeinde, deren Seelsorger Pastor Friedrich Wilhelm Krummacher war. Da er schon früh die Mutter verlor, wurde er von seiner Tante Maria, einer geistig regen Lehrerin, erzogen. Mit ihr besuchte er auch die Versammlungen von Pastor Friedrich Kohlbrügge. Hier in Eberfeld erfuhr er schon früh, welchen Wert für eine christliche Gemeinde eine praktizierte Gemeindediziplin haben kann.

Nach dem Schulbesuch entschied sich Gustav Adolf Schneider für das Studium der Theologie und wurde Schüler von Johann Tobias Beck in Tübingen. Professor Beck gehörte nicht zu den „modernen" Hochschullehrern, sondern bemühte sich „auch auf dem Lehrstuhl der Dogmatik und Moral biblischer Theologe zu sein".[2]

Gustav Adolf Schneider wurde ein allseitig gebildeter Mann, der immer neu über seinen Dienst nachdachte. Die Predigten waren stets biblisch fundiert und zeitnah. Wenn er dabei wieder einmal – nur für Einheimische erkennbar – auf Ereignisse in ihrem Dorf Bezug genommen hatte, so ging die Rede um: „Heute ist wieder einer über die Kanzel gehüppt." Er wachte streng über die in der Gemeinde von

alters her überkommenen Sitten. So traute er ein Braut-
paar, das ein Kind erwartete, nicht in der Kirche, sondern
im Amtszimmer. Es muß allerdings deutlich vermerkt
werden, daß hinter dieser Strenge stets ein seelsorgerli-
ches Anliegen stand. Halbheiten gehörten nicht zu seiner
Art; jedoch bereitete ihm hie und da seine Schwerfälligkeit in äußeren Dingen Not.

Die Mutter von Paul Schneider entstammte einem bäuerlichen Geschlecht aus dem nordhessischen Raum. Schon
sehr früh verlor sie ihre Eltern, die in Düsseldorf ein
Hotel erwerben konnten, so daß sie und ihre Schwester in
einem Waisenhaus in Mülheim an der Ruhr aufwuchsen.
Später war sie hier selbst als Erzieherin tätig. Die energi-
sche, fröhliche Frau wußte tapfer und getrost alle Unbil-
den des Lebens zu tragen. Paul erlebte seine Mutter nur als
Gichtkranke, die schon sehr früh an den Sessel gefesselt
war. Mit viel Geschick meisterte sie dennoch ihre häusli-
chen Pflichten und verlieh dem Heim die Wärme, die für
eine Familie wichtig ist. Sie liebte alles Schöne in Natur
und Kunst, nicht selten konnte man sie im Hause fröhlich
singen hören. Ihre Freude am Singen und an der Musik
legte sie Paul mit in die Wiege. Es ist nur zu verständlich,
daß die Mutter für ihn der Inbegriff aller Innerlichkeit
war.

In späteren Jahren schrieb er über sie: „Sie blieb die
fröhliche Seele unseres Hauses, solange sie unter uns sitzen konnte." (Tgb.) Wir lesen in dem Lebenslauf, den
Paul Schneider bei der Meldung zum ersten theologischen
Examen einreichte: „Das fröhliche Gottvertrauen, mit
dem meine Mutter ihr schweres Gichtleiden bis ans Ende
trug, und ihre selbstlose, sorgende Liebe haben wohl die
ersten religiösen Keime in mir gelegt." Zu Beginn des ersten Weltkrieges starb sie. Auf dem Grabstein ließ der
Gatte den Dreiklang einmeißeln, der ihr Leben so sehr geprägt hatte:

Seid fröhlich in Hoffnung,
Geduldig in Trübsal,
Haltet an am Gebet!
(Römer 12,12)

Bevor wir den Lebensweg von Paul Schneider weiter verfolgen, müssen wir der treuen Haushelferin Sophie gedenken, die mit aufopfernder Treue bereits von den Pferdsfelder Tagen an den beiden Pfarrfamilien Schneider diente. Pauls ganzer Lebensweg vollzog sich unter ihren Augen. Nach Kräften vertrat sie an den drei Schneidersöhnen die Mutterstelle.

Paul wuchs in einer wohltuenden Freiheit auf. Seine bäuerlichen Ahnen hat er nie verleugnet. Er liebte die Natur und die Arbeit mit Hacke, Spaten und Sense.

Von Pferdsfeld aus wanderte er als Junge von Zeit zu Zeit zu seinem Onkel Walter, der in Dickenschied und Womrath Pfarrer war. Wer konnte damals auch nur von ferne ahnen, welche schicksalhafte Bedeutung das Kirchspiel Dickenschied und Womrath für das Leben des Jungen haben sollte? Bis in die Gegenwart hinein benutzt man in dem dortigen Presbyterium ein Protokollbuch, in dem sich noch Sitzungsberichte unter dem Vorsitz von Pfarrer Walter Schneider und Pfarrer Paul Schneider befinden.

In Pferdsfeld bereitete Vater Schneider seinen Sohn Paul neben der dortigen Volksschule auf das Gymnasium in Bad Kreuznach vor. Die große Entfernung zwischen Pferdsfeld und Bad Kreuznach ließ es nicht zu, daß Paul weiterhin im Elternhaus wohnte. Die Woche über lebte er nun in einem Internat; am Sonnabend jedoch, wenn das Klingelzeichen das Ende der letzten Unterrichtsstunde verkündete, war Paul nicht mehr zu halten. Im Laufschritt ging es zum Bahnhof, damit der Zug ihn in seine dörfliche Freiheit bringen konnte.

Als Paul vierzehn Jahre alt war, wechselte der Vater seine Pfarrstelle in der Hoffnung, daß das Klima in Hochelheim bei Wetzlar seiner Frau besser bekommen würde.

Hochelheim liegt unweit der Universitäts- und Schulstadt Gießen. Paul fuhr von nun an mit dem Fahrrad oder der Eisenbahn in die Schule und kehrte nach Schulschluß wieder ins Elternhaus zurück. Auf dem humanistischen Gymnasium in Gießen schloß er eine Freundschaft, die in späteren Krisenzeiten ihre Bewährungsprobe bestanden hat. Emil Weber, Pfarrerssohn aus Langgöns, und Paul Schneider wurden unzertrennliche Freunde.

Die Schulzeit von Paul verlief ohne Probleme. Das Erlernen der alten und neuen Sprachen fiel ihm nicht schwer. Seine Altersgenossen wunderten sich immer wieder über seinen Mut bei sportlichen Unternehmungen, obwohl er sich dabei nie in den Vordergrund drängte. Im Religionsunterricht wurden den Schülern eine extrem liberale Theologie vermittelt, die Paul Schneider später viel zu schaffen machte. Als das Ende seiner Schulzeit in Sicht kam, stand Europa in Flammen. Vater Schneider war ein nationalbewußter Mann, der die Monarchie, in die er hineingeboren war, von Herzen bejahte. Den späteren politischen Umschwung konnte er nie verwinden. Es war 1915 völlig in seinem Sinn, daß sein Sohn Paul freiwillig Soldat wurde, um für Kaiser und Reich einzutreten. Aufgrund seiner Meldung als Kriegsfreiwilliger legte Paul Schneider am 29. Juni 1915 das Notabitur ab. Auf dem Zeugnis ist als später angestrebtes Studium zu lesen: „Heilberuf."

Du bist der Töpfer,
ich bin der Ton

Mit einem glühenden Herzen und einem einsatzbereiten Willen zog Paul Schneider mit den Dragonern von Hofgeismar nach Rußland. Hier wurde er im Winter 1915/16 leicht verwundet. Für seinen tapferen Einsatz erhielt er das Eiserne Kreuz. Im letzten Kriegsjahr wurde er noch zum Leutnant der Reserve befördert. Er wußte sich bis zum bitteren Ende der Fahne verpflichtet. Am 19. Dezember 1918 wurden ihm im Geschäftszimmer des Füselier-Artillerie-Regiment Nr. 20, das im preußischen Altona-Bahrenfeld seinen Standort hatte, die Entlassungspapiere übergeben. In der Nacht vom 22. zum 23. Dezember 1918 traf er in Hochelheim ein und notierte in sein Tagebuch: „Seit 1914 wieder erste Weihnacht, die zweite ohne Mutter, zu Hause. Es ist einfacher geworden, stiller, nicht schöner. Das warme Gefühl, das sonst die Mutter, die Frau mit dem liebenden Herzen, hereingebracht, fehlt ... Das sonst so schöne, geheimnisvolle Arbeiten, Geheimtun und Schaffen für die Weihnacht fehlt ganz." (Tgb.) Aber dennoch wird die Heilige Nacht mit ihren eigenen inneren Gesetzen ihn umfangen haben, so daß auch er ein wenig von der Welt, die uns geheimnisvoll umgibt, erahnen konnte.

Für Paul Schneider begann nun etwas ganz Neues. Vor seiner Seele standen die mannigfachen sozialen Probleme der Revolutionsjahre, denen er sich nicht verschließen konnte. Besonders die Arbeiterschaft, die breite Masse, fand seine Aufmerksamkeit. Nun entschied er sich endgültig für das Studium der Theologie.

Im Krisenjahr 1919 nahm Paul Schneider an der Universität Gießen, die damals noch eine theologische Fakultät hatte, das Studium der Evangelischen Theologie auf. Mit Fleiß und Ausdauer ging er ans Werk und erlernte zunächst die hebräische Sprache, die für ein fruchtbares Studium des Alten Testaments unentbehrlich ist. Seine gute Auffassungsgabe für Sprachen verhalf ihm zu schnellem Erfolg. Für seinen alten Gymnasialdirektor war es eine besondere Freude, ihm die bestandene Sprachprüfung auf dem Reifezeugnis zusätzlich zu bescheinigen. Dennoch brachte der Neubeginn für den Studenten manche Schwierigkeiten mit sich: „Schwer finde ich mich in meiner schwerfälligen Art in alles Neue. So ist mir das Zwischensemester anfangs ein seelischer Druck. Die neue Art der geistigen Beschäftigung, das Ganz-auf-sich-gestellt-Sein, die Verantwortung für das eigene Selbst belastet zuerst." (Tgb.) War es wirklich nur Schwerfälligkeit, die sich hier zeigte? Paul Schneider bildet mit seinen Äußerungen keine Ausnahme unter den Studenten. Solche Gedanken kommen vielen Studenten, gerade zu Beginn des Studiums. Er ringt hier um das rechte Maß, um die rechte Verantwortung. Gerade seine Bemerkung: „Die Verantwortung für das eigene Selbst belastet zuerst" zeigt uns, daß er nicht in den Tag hineinlebte, sondern sich über das, was er hörte und las, Gedanken machte.

Sobald es seine Zeit erlaubte, finden wir ihn im väterlichen Garten, wo er sich den notwendigen körperlichen Ausgleich verschaffte. Die Neigung, zurückgezogen zu leben, bereitete ihm große Not. Er versuchte dieser Veranlagung zu begegnen und meldete sich beim Wingolf[2]:

„Dazu kommt die Aktivmeldung beim Wingolf. Ist die Verbindung die Opfer an Zeit wert? Entspricht dem auch der Gewinn? Diese Fragen und der Hang nach Einsamkeit, Scheu vor der Gesellschaft lassen mich beinahe zurückschrecken. Aber ein inneres Pflichtgefühl, das mich heißt, die angeborene Neigung zum Träumen und zur Bequemlichkeit zu überwinden, hält mich doch der Farbe Schwarz-Weiß-Gold treu." (Tgb.) Diese bemerkenswerte Eintragung endet mit einem Satz, der im Leben von Paul Schneider seine besondere Bedeutung hat: „Wenn du unentschlossen bist zwischen zwei Dingen, so wähle das dir weniger Bequeme!" (Tgb.) Paul Schneider ging zunächst ganz im Verbindungsleben auf. Aber dennoch kamen ihm bei aller Fürsorglichkeit der Kommilitonen Zweifel an seinem Tun. Am Ende des ersten Zwischensemesters vermerkte er: „Zeitweilig durch die Gemeinschaft in den Instituten angeregt und befriedigt, manchmal auch leer bleibend und unbefriedigt, reger Anhänger der Verbindung bin ich bisher noch nicht." (Tgb.) Paul Schneider war es nicht gegeben, sich dem Leben und Treiben, wie es die Verbindungen anboten, hinzugeben. Noch hatte er sein Maß, d.h. seine ihm eigene Form nicht gefunden.

Die damalige Gesamtsituation in Deutschland war mehr als bedrängend. Unheil verkündende Schreckgespenster jagten durch die Zeit und ließen die Menschen nicht zur Ruhe kommen. Im Tagebuch von Paul Schneider lesen wir: „... Versittlicht das Volk, macht die Menschen besser; dann nähern wir uns ganz von selber dem sozialen Staate." Für Paul Schneider kam zuerst der Mensch, ohne den keine gesellschaftliche Gruppierung Gewicht hat. So war er für jedes wegweisende Wort von Herzen dankbar. Im Anschluß an eine Begrüßungsfeier für aus dem Krieg heimkehrende Studenten notierte er den für ihn so wichtigen Satz aus einer Rede von Professor Krüger: „Nicht Herren, sondern Diener und Führer des Volkes sollen wir sein." In diesem Zusammenhang war für ihn die Ethikvorlesung von Professor Meiers wichtig, in der dieser auf das Verhältnis zwischen der geistlichen und körperlichen Arbeit zu sprechen kam: „Der Mensch bedarf der körperlichen und geistigen Arbeit, und zwar je mehr kulturell entwickelt, desto dringender der geistigen Beschäftigung. Dies war dem Proletariat ebenfalls ein Bedürfnis, dessen Befriedigung durch die sozialen Verhältnisse vor dem Kriege nicht gewährleistet war. Dies Bedürfnis ist ein Motiv zur Revolution ... Durch die geistige Arbeit erhebt sich der Mensch über das Tier." (Tgb.) Paul Schneider forderte ein soziales Umdenken und „die Teilnahme aller Menschen an den Geistesgütern der Menschheit". (Tgb.)

Am Ende des Semesters kamen ihm wieder Zweifel an seinen Fähigkeiten zum Pfarramt. Er prüfte sich immer wieder, ob er überhaupt geistig zu arbeiten imstande war. „Gut, daß das Semester zu Ende geht. Ich mag nichts mehr hören, ich kann den Vorträgen nicht mehr folgen. Mein Geist ist müde und leistet doch so wenig. Bin ich eigentlich geschickt zum geistlichen Beruf, frage ich mich oft. Aber dann sage ich mir: So reinen Willen zum Pfarrberuf hattest du, als das Studium begann, und durchhalten und dich zu einem freudigen Arbeiten durchringen, das kannst du auch. Wenn nur die ersten greifbaren Erfolge da wären!" (Tgb.)

Weil wir heute um das Lebensende von Paul Schneider wissen, dürfen wir fragen: Haben nicht die Propheten des Alten Bundes immer wieder nach ihrer Würdigkeit, nach ihrer Fähigkeit zum geistlichen Dienst gefragt?[3] Standen sie nicht oft so plötzlich im Brennpunkt und haben durch ihren Glaubensmut anderen geholfen?

Paul Schneider gehörte nicht zu den Geistesjüngern seiner Zeit, die aufgrund jugendlicher Begeisterungsfähigkeit sich dem herrschenden Zeitgeist angepaßt haben. Er war immer dann von einer inneren Unruhe gepackt, wenn er das Gebotene nicht voll erfaßt hatte, um seinen Standort bestimmen zu können. Es war eine bewundernswerte Eigenart, daß er bei allen auftretenden Schwierigkeiten die Ursachen bei sich selbst suchte. Wenn er sich aber zu einem Standpunkt durchgerungen hatte, vertrat er diesen auch mit aller Offenheit und Festigkeit. Sein Schul- und Studienfreund Emil Weber hatte dies deutlich zu spüren bekommen. Nach dem Tode des Freundes schrieb er:

„Wir hatten vom Gymnasium her eine innige Freundschaft, die in den Gießener Semestern fast zu zerbrechen drohte infolge des radikalen Liberalismus, dem Paul sich völlig verschrieben hatte. Es verging kein Tag ohne heftige theologische Auseinandersetzung auf dem Weg zur und besonders von der Universität zum Bahnhof und im Zug. Paul konnte darüber das Aussteigen vergessen, und oft mußte ich ihn dazu ermahnen. Er führte das Gespräch dann vom Trittbrett weiter und sprang vom fahrenden Zug ab. Pauls Eifer für die ‚Wahrheit‘ ging bis zum äußersten, er hätte ihm sogar die Freundschaft geopfert, wenn er es für nötig hielt. Ich glaube aber heute, daß unsere Kämpfe die Vorbereitungen seines späteren Wandels waren, der dann ebenso klar und stark zutage trat."

Paul Schneider war viel zu eng mit den Menschen seiner Zeit verbunden, als daß er seine Augen vor den Zeitverhältnissen hätte verschließen können. Über sein Leben im Wingolf notiert er: „O böse Zeit! Noch kein Lichtblick, kein Hoffnungsschimmer! Was einigermaßen hilft, ist die Arbeit, und da nun Feste feiern! Stiftungsfest! Ist es recht, es mitzufeiern?" (Tgb.) Es dauerte nicht lange, da fiel eine Entscheidung:

„... diesmal aus eigener Initiative das Band zwischen sich und mir zerschnitt, da ich die Kommentformen und Institutionsformen ‚Grundlagen des Verbindungslebens‘ als reformbedürftig angegriffen habe. In der

Hauptsache war es der Trinkkomment. Ich von mir aus hätte darum ruhig in der Verbindung bleiben können, bin nun aber doch froh, Zeit und Kraft für andere Dinge frei zu haben." (Tgb.)

Diese Entscheidung fiel in Marburg, wo er inzwischen seine Studien fortgesetzt hatte. Noch aber gehörte er dem Gießener Wingolf an.

Im Sommersemester 1920 finden wir Paul Schneider in Tübingen. Er, der im Idealismus und Liberalismus Gefangene, wollte andere theologische Luft atmen, als sie ihm in Gießen und Marburg geboten wurde. In Tübingen fand er kein Zimmer, und so versuchte er es im Weilheimer Pfarrhaus. Eigentlich wollte man dort keinen Studenten mehr, denn die Familie war groß und die Arbeit im Hause überreichlich. Dennoch wurde er schließlich auf sein Bitten hin in den Kreis der Familie aufgenommen. Für ihn war das eine neue Erfahrung, denn im väterlichen Pfarrhaus in Hochelheim war es still geworden; der Vater lebte sehr zurückgezogen. In Weilheim erlebte er nun das, wonach sich jeder Mensch mit Herz und Gemüt sehnt: eine Familie, in deren Mitte die Mutter waltet und allem die rechte Wärme verleiht. Die jüngste Tochter des Hauses, Margarete – eben aus der Schule entlassen – ging jeden Morgen in die Stadt, um auf der Frauenfachschule die für ihr weiteres Leben notwendigen Dinge zu erlernen. Paul Schneider hatte täglich den gleichen Weg, und so zogen beide plaudernd ihre Straße. Von Zeit zu Zeit fuhren sie mittags mit einem Boot auf dem Neckar und ließen ihren Gedanken freien Lauf. Für Paul Schneider war die „Angelegenheit klar", für sein junges Gegenüber noch lange nicht. Wie konnte sie in so jungen Jahren schon an eine feste Bindung denken! Zwei Jahre hindurch flatterte gelegentlich ein Brief oder eine Karte an den „Herrn Pfarrer" ins Weilheimer Pfarrhaus, bis der Tag kam, an dem der gemeinsame Weg durch eine vierjährige Brautzeit begann.

Paul Schneider erhielt während des einen Semesters in Tübingen von Professor Karl Heim wichtige Impulse für sein Glaubensleben. Seine Frau erinnerte sich an diese Zeit: „Von Heims ‚Ethik‘ ist Paul tief erfaßt, sein bisheriges Leben in seiner ‚Eitelkeit‘ liegt vor ihm, die innere und äußere Sehnsucht nach Ruhe in Gott nimmt zu."[4] Die Theologie, die Karl Heim vermittelte, bezog in wissenschaftlicher Kleinarbeit den gesamten geistigen Raum in seine Überlegungen ein. Er suchte gerade die Auseinandersetzung mit dem modernen Denken, um im kritischen Vergleich die Heilsbedeutung des Evangeliums von Jesus Christus dem Menschen zu bezeugen. Paul Schneider, der in seiner bisherigen theologischen Ausbildung dem Idealismus und Liberalismus besonderes Augenmerk geschenkt hatte, stellte nun sein bisheriges Denken in Frage. Seinem künftigen Schwiegervater schrieb er im Juli 1921:

„Das unbegreifliche, unfaßbare Leben ist größer als wir, und aller Trotz und Kraft hilft nicht dagegen. Es ruht nicht eher, als bis es uns niedergeworfen und zusammengebrochen hat. Das Leben sagt: Nicht wie du, sondern wie ich will. Und so bekommt der Mensch mit der Zeit eine ganz andere Orientierung. Durch Zusammenbruch und Tod und Leere muß es hindurchgehen, durch Verzweiflung und bitteren Schmerz … Aber das Neubauen, das macht den Menschen dann selig und froh, und erst allmählich muß er sich an diese Freude gewöhnen. Auch zu dieser Freude muß man stark sein, um sie nicht zu verlieren im Überschwung."[5]

Von Tübingen ging er wieder nach Gießen und meldete sich am 29. August 1921 zum ersten theologischen Examen beim Konsistorium der Rheinprovinz in Koblenz.

Inmitten der Examensvorbereitungen notierte er in sein Tagebuch:

„Hochelheim, den 28. Februar 1922

Die Kunst des Lebens will täglich neu erlernt sein. Hier gibt es nie ein Fertigsein, ein ‚Über den Berg'. Unser Leben muß ein ständiger Kriegsdienst sein: ‚Immer auf dem Posten'. Ohne diese Bereitschaft werden die Anfechtungen Herr über uns, wir verlieren die Orientierung, und unversehens sind wir der Depression erlegen. Wenn du glaubst, du stehst, siehe wohl zu, daß du nicht schon tief gefallen bist! – Ich stehe in der Paukerei für das Examen und merke, wie schon dieses kleine, endliche Ziel des Examens Kraft und Ausdauer gibt. Ich hätte nicht gedacht, daß ich noch so tagelang hinter den Büchern sitzen könne. Und ich glaube auch körperlich frisch dabei zu bleiben. Auch in meinen Anschauungen über das Verhältnis von Geist und Leib werde ich wieder umlernen müssen. Der Geist ist's, der den Körper baut. Ich habe vielleicht zu kleingläubig einseitig die Notwendigkeit der Körperpflege betont. Ich habe Askese getrieben und wurde doch nicht Herr über mich und mein Wohlbefinden. Du hast die Gesundheit (des Leibes und der Seele) noch zu sehr an der Peripherie, an der Oberfläche gesucht und nicht erst im Gebet, bei Gott, an der tiefsten, an der Urquelle.

Arbeit baut und erhält den Menschen. Sollte, wenn das von der körperlichen Arbeit gilt, es nicht erst recht von der geistigen Arbeit gelten können? Wenn es mir möglich ist, die Zeit des Tages ganz mit geistiger Arbeit auszufüllen, sollte ich dann noch der Muskelkraft zur Gesundheit bedürfen? Wenn der Geist und Wille alles vermag, wahrlich, so muß er auch die zusagende Behausung sich erbauen können, ohne die Gesundheitsmätzchen ... Kann Gott mir nicht Kraft geben, soviel er will, soviel ich bedarf, und jedes ‚vernünftige Maß' über den Haufen werfen? So bleibt mir also nur übrig, mein Leben ganz aus Gott, dem Vernünftigen und Wunderbaren, Allmächtigen und Grundgütigen, zu leben. Von ihm will ich mir sagen lassen, was ich tun soll, wie ich zu leben habe, und auf alle eigenen Maßstäbe verzichten. Herr Gott, zeige du mir mein Ziel, das Ziel meines Lebens und meiner Arbeit! Für dieses Ziel gilt es dann Kraft einzusetzen, ihm sie dienstbar zu machen, und so manches jetzt so Dunkle muß dann Licht werden. Diese befreiende Ausschau schenke mir, mein Gott und Vater!"

Paul Schneider läßt uns hier ganz ungewollt in sein Gott geöffnetes Inneres schauen. Hier war der lebendige Gott in seine Nähe getreten. Am Prüfungstag (6. April 1922) schrieb er in sein Tagebuch:

> „Ich stehe vor der Prüfung. Ich hoffe, immer mehr dazu zu kommen, Ausgang und Verlauf in Gottes Hand zu stellen. Zeitweilig war ich von großer Unruhe und Schaffenskraft erfüllt, die plötzlich einer Leere und Müdigkeit wich, in der ich auch nichts mehr in geistigem Besitz zu haben glaubte. Doch ist's auch mehr noch das Kommen und Gehen (im) Bewußtsein Gottes und seines Beistandes, das mich oft umwirft, ohne daß ich im glaubensmäßigen inneren Ringen einzugreifen vermöchte."

Das Ernstnehmen des Evangeliums und die ihm eigene Offenheit gegen sich selbst, ließen von Zeit zu Zeit eine Art von „Schwermuts- und Angstzuständen" aufkommen. Wer nicht den großen Durcheinanderbringer als Realität in seinem Leben anerkennt, wird sehr schnell mit einer „einleuchtenden Erklärung" bei der Hand sein. Wer aber um die Macht des Satans weiß, dem sagen alle noch so gelehrten psychologischen Erklärungen nichts.

Der Widersacher Gottes kann es nicht dulden, daß ein Mensch sich in seinem Leben ganz und gar nach dem Willen Gottes richten will. Christen, die im Glutofen der Zeit für Christus stehen, um seine Zeugen zu sein, sind den Angriffen des Satans besonders stark ausgesetzt.

Wer sich mit Glaubenszeugen in der Kirche Jesu Christi befaßt, wird eine besondere Feststellung machen:

1. Glaubenszeugen sind Menschen wie andere auch. Sie treten nicht mit einer sensationellen Tat ins Blickfeld der Zeit, sondern leben oft abseits und unbeachtet. Sie drängen sich nicht in den Vordergrund; sie müssen das sagen, was sie sagen; sie müssen so handeln, wie sie handeln, auch wenn es der Vernunft widerspricht.

2. Von ihren Mitmenschen werden sie gern als Sonderlinge bezeichnet, die einen zum Fanatismus neigenden Charakter haben. Ja selbst „Freunde" bezeichnen sie nicht selten als naiv, undiplomatisch, krankhaft und stur.

Es kann nicht genug daran erinnert werden, daß Gott, der Herr aller Welten und Zeiten, seinen Sohn nicht mit einem Glorienschein in diese Welt gesandt hat, sondern – hier folgen wir der prophetischen Rede –: „Fürwahr er trug unsere Krankheit und lud auf sich unsere Schmerzen. Wir aber hielten ihn für den, der geplagt und von Gott geschlagen und gemartert wäre. Aber er ist um unserer Missetat willen verwundet und um unserer Sünde willen zerschlagen. Die Strafe liegt auf ihm, auf daß wir Frieden hätten, und durch seine Wunden sind wir geheilt" (Jesaja 53,4–5).

Eine sonderbare und unbegreifliche Sache! Der Zeuge dieses Herrn sagt: „Ich möchte ihn erkennen und die Kraft seiner Auferstehung und die Gemeinschaft seiner Leiden und so seinem Tode gleichgestaltet werden" (Philipper 3,10). Nachfolge Christi heißt doch wohl für den Zeugen, mit dem Meister durch alle Tiefen unseres Menschseins gehen und, wenn es sein muß, zum „Lamm" werden, das auf die Schlachtbank gelegt wird.

Langsam reifte Paul Schneider in ein persönliches Verhältnis zu seinem Gott hinein. Der Same hatte seinen Boden erreicht und begann fast unmerklich zu keimen. Seine Frau schrieb: „An einem Vorweihnachtstage dringt ein Strahl des ewigen Lichts in seine Seele, es hebt ein großes Freuen an, und er zehrt lange von diesen ‚seelischen Erregungen und Bewegungen'; das Wissen davon, daß Gott Licht werden lassen kann, bleibt in ihm."[6] In den ersten Monaten des Jahres 1922 notierte er selbst: „Es ist nicht leicht, den neuen Menschen anzuziehen ... Der Heilige Geist, der im Innersten Wohnung sucht, hat mit dem alten Menschen und seiner Trägheit und seinem Fleischessinn einen bitteren Kampf. Gott ist getreu, der euch nicht läßt versucht werden über euer Vermögen, sondern schafft, daß die Versuchung so ein Ende gewinne, daß ihr sie mögt bestehen. – O schwacher Mensch, gedenke der großen Vaterliebe deines Gottes." (Tgb.)

Nach dem bestandenen ersten theologischen Examen gab er sich noch einmal Rechenschaft über die Tage vorher: „Vor der Prüfung gab es noch dunkle Tage, wo der Kleinglaube das Feld beherrschte; so war es auch noch auf der Fahrt nach Koblenz. Ich war soweit entschlossen, mir nur die Bestätigung meiner Unfähigkeit zu holen, trotzdem ich mir einbildete, leidlich gute Arbeiten abgeliefert zu haben." (Tgb.)

Seine Blicke nach dem Examen richteten sich auf die Arbeiterschaft, die in der sich entwickelten Industriekultur keinen leichten Stand hatte. Nach Weilheim schrieb er: „Was meine nächste Zukunft anbetrifft, so will ich zunächst in ein Bergwerk bei Dortmund, um an Ort und Stelle bei ihrer Arbeit, die mir mein Körper auch ermöglicht, die Arbeiter kennenzulernen in ihren Vorzügen und Mängeln, um womöglich zu erkennen,

in welchen Winkel ihres Herzens sich die Religion ver-
krochen hat, und um sie hoffentlich immer mehr lieben zu
lernen."[7]

In diesem Zusammenhang müssen wir uns daran erinnern, daß Deutschland bis über die Mitte des 19. Jahrhunderts hinaus überwiegend ein Agrarland war. Der
Mensch bearbeitete die Scholle und achtete die Natur als
Schöpfung Gottes, wenn er auch immer wieder versuchte, ihre Geheimnisse zu enträtseln. Erst die unaufhalt-
sam fortschreitende Erforschung der Natur in der zweiten
Hälfte des 19. Jahrhunderts brachte es mit sich, daß das
Verhältnis des Menschen zur Natur sich änderte. Die Natur, so gebot es der aufgeklärte Mensch, wurde ein Objekt
seiner Neugier und seines wirtschaftlichen Erfolgstre-
bens.

Das Industriezeitalter hatte mit der Welt auch den Menschen geändert. Die Kirche lebte weithin noch in alten
Strukturen.

Johann Hinrich Wichern hatte das karitative Werk der
Inneren Mission entstehen lassen, das nicht hoch genug
eingeschätzt werden kann. Kirche wie Staat hatten nicht
damit gerechnet, daß das Heer der in die Fabriken strö-
menden Arbeiter, die vom Lande und aus den kleinen
Handwerksbetrieben kamen, sich zu einer Massenbewe-
gung, dem Proletariat, entwickelte. Kirche und Staat waren eng verzahnt; Ängste des Staates waren auch Ängste
der Kirche. Führende Kreise – im Bunde mit den Kirchen
– sahen die Gefahr einer drohenden Revolution. Das
Bündnis zwischen Thron und Altar entfremdete die Arbeiterschaft von der Botschaft des Evangeliums. Paul
Schneider hatte diesen Tatbestand klar erkannt und für
sich die Konsequenzen gezogen. Er hatte sich mit der so-
zialistischen Literatur bis hin zu Karl Marx beschäftigt. Er
entschloß sich zum Industriepraktikum: Er wollte Arbeiter unter Arbeitern sein.

Am 2. Mai 1922 traf er in Dortmund-Aplerbeck bei seinem Onkel ein, der kaufmännischer Direktor einer Hütte war. Sogleich wurde er in die „oberen Kreise" eingeführt und erlebte in ihnen eine gähnende Leere: „... Und dann kommt das Essen bei Westermann mit Onkel und seinen Kollegen. Ein einziger katholischer Diplomingenieur zeigt einiges Verständnis für religiöse Fragen; die meisten sind vollkommen gleichgültig und beteiligen sich nicht am Thema. Nur Herr R. und der Doktor, der ein radikaler Rationalist ist." (Tgb.)

Von da an mied Paul Schneider jene Kreise, ihn zog es zu den Arbeitern im Revier. Durch Vermittlung seines Onkels bekam er eine gut dotierte Stellung. Im Tagebuch lesen wir: „Donnerstagnachmittag, nach Kenntnis meiner Bevorzugung mit Hauerarbeit kann ich es nicht über mich gewinnen, dem Einsatzbefehl Folge zu leisten. Ich meldete dem Betriebsführer, daß meine Zwecke hier schlecht gewahrt seien und ich anderswo arbeiten wollte."

Paul Schneider gab die gutbezahlte Arbeit auf und ging als dritter Mann an einen Schmelzofen nach Hörde und mietete sich in einem Ledigenheim ein, in dem nur Arbeiter wohnten. In seinem Tagebuch lesen wir die bemerkenswerte Eintragung:

„Ich kam her, um Arbeiter unter Arbeitern zu sein. Ich geriet durch Onkel R. naturgemäß sofort in die Gesellschaft hinein. Ich hörte arbeiterfeindliche Äußerungen, und ich glaubte, die Unbefangenheit verloren zu haben. Ich sah den Gegensatz zwischen Kapital und Arbeiter zu scharf. Ich wandte mich an Phönix in Hörde. Ich lief alle Instanzen durch, bis ich Arbeit zugesichert bekam. Ich glaubte, durch das Angebot gutbezahlter Arbeit verführt, den Hauptzweck meines Vorhabens versäumen zu müssen."

Daß das Unternehmen für Paul Schneider nicht leicht war, dürfte jedem Einsichtigen verständlich sein:

> „Schon vierzehn Tage bei Phönix als dritter Mann am Schmelzofen im Martinswerk. Die ersten Tage, namentlich die ersten Nachmittagsschichten, wurden mir reichlich sauer. Die zweite Nachmittagsschicht brachte mich fast zum Abbauen. Ich glaube, daß ich mich jetzt gut an die Arbeit gewöhnt habe." (Tgb.)

Paul Schneider stand mitten in einer Arbeit, zu der er von keiner Seite aufgefordert worden war, er tat sie freiwillig und in eigener Verantwortung. Er wollte zu den Menschen, über die man in den „gehobenen und finanziell besser gestellten Kreisen" abfällige Bemerkungen machte. Wir müssen zu dem, was wir über das Verhältnis von Kirche und Arbeiterschaft gesagt haben, noch mit Wehmut hinzufügen, daß die christliche Kirche überall dort, wo sie den Arbeiter vergißt und nicht beachtet, ihren ureigensten Auftrag, jedem Menschen vom Heil in Jesus Christus zu sagen, untreu wird. Was Paul Schneider damals tat, gehört heute mancherorts zum festen Bestand der Pfarrerausbildung, um den Menschen und seine Arbeitswelt besser zu verstehen.

In seiner Freizeit suchte Paul Schneider das Gespräch mit seinen Arbeitskameraden. Nach einem Spaziergang notierte er: „... und kam um zehn Uhr durch allerlei interessante Gespräche aufgemuntert nach Hause." (Tgb.) Sonntags finden wir ihn inmitten der gottesdienstlichen Gemeinde in Hörde. Bei allem körperlichen Eingespanntsein, horchte er immer wieder in sich hinein, um sich über sein Tun Rechenschaft zu geben:

> „Habe mir wohl eingebildet, ein Opfer gebracht zu haben, als ich unter die Arbeiter nach Phönix ins Ledigen-

heim ging, so erleide ich tagtäglich im Kampf mit meiner Selbstsucht wieder Niederlagen, gegen die Liebe verstoßend. Warum mußte ich in Schwerte meine Begleiter verlassen und zur Ruhr baden gehen? Warum habe ich bis heute nach vierzehn Tagen meinen Onkel nicht wiedergesehen? Und immer, wenn mich der Teufel der Selbstsucht beherrscht, dann bin ich krank und unentschlossen. Dann sagen die anderen wohl: ‚Komischer Mensch!‘ Es ist gerade, als ob ich besonders häßlich und eklig sein könne im persönlichen, täglichen Leben, nachdem ich versuchte, mir die großen Richtlinien des Lebens nach großen Idealen zu gestalten. Hier gilt es jetzt den alltäglichen Kleinkampf, um mehr ein Leben aus der Liebe heraus zu führen. Dazu helfe mir Gott.“ (Tgb.)

In Hörde erfuhr er, was es heißt: „Im Schweiße deines Angesichts sollst du dein Brot essen“ (1. Mose 3,19). Wie dankbar war er für den Schluck kalten Wassers, wenn ihn während der Schicht der Durst quälte! Vieles, das für ihn selbstverständlich gewesen war, sah er jetzt mit ganz anderen Augen an. Er war ja nicht als Besucher, Zaungast oder Neugieriger an den Hochofen gekommen, er wollte zum Menschen. So kam es von Zeit zu Zeit zu inneren Spannungen, wenn die Probleme, denen er ausgesetzt war, übermächtig wurden:

„Wieder einmal einsam auf Fahrt. Obwohl mir allmählich graut, so allein mit mir zu wandern, treibt es mich doch immer wieder dazu, denn keiner mag meine Interessen teilen. Mich ekelt die Einsamkeit, mich ekelt die Gesellschaft der Menschen. Ich habe nichts mehr, alles ist Problem: Kapitalismus und Sozialismus. Religion und Leben. Ich stehe vor dem Nichts, vor dem völligen Ausgehöhltsein und Leersein. Meine Arbeitszeit geht zu Ende. Ich soll wieder predigen und im väterlichen Betrieb arbeiten. Was soll ich predigen? Das Evangelium: Alle Menschen sollen zum Menschsein gelangen. Eigentumsauffassung, Sozialismus? Wie schwer ist es, daß ein Reicher in das Reich Gottes eingehe! Vom Tun des Willen Gottes? Die ungleichen Söhne und das Jesuswort vom Herr-Herr-Sagen? Kraft von oben tut mir not; darum will ich beten." (Tgb.)

Können wir noch tiefer in ein Menschenherz schauen? Versteht der Leser nun, warum wir nicht von einer spontanen Bekehrung reden durften? Bei Paul Schneider wird es sehr deutlich: Seelische Erschütterungen gleichen Schlägen, mit denen der Schmied auf dem Amboß das Eisen formt, nachdem es zuvor in der Glut des Feuers zubereitet war!

Mit gemischten Gefühlen verließ Paul Schneider seine Arbeitsstätte in Hörde und kehrte zur weiteren Ausbildung in das väterliche Pfarrhaus nach Hochelheim zurück. Unter dem 7. September 1922 lesen wir im Tagebuch:

„Ich glaube sicher, daß die innere Verbindung mit einigen hier unsere äußere Trennung überdauern wird. All die Liebe, die mir dort entgegengebracht wurde und die man in der rauhen Industrie- und Arbeitswelt doppelt dankbar empfindet, kann ich gar nicht in geschriebene Worte bannen. Aber sie hat mir den Glauben an unser Volk und vor allem den Glauben an unsere Arbeiter gestärkt. So möchte ich dies Vierteljahr im Ledigenheim um keinen Preis missen." (Tgb.)

Wie hatten doch die Arbeitskameraden beim Abschied zu ihm gesagt: „Du bist einer der Unsern, du sollst dableiben!" Bevor Paul Schneider ins Predigerseminar zu Soest einzog, wurde Verlobung gefeiert. Mit Respekt lesen wir, was seine spätere Frau vom damaligen Beginn schreibt: „Immer mehr bietet eins dem andern Heimat, kann eins das andere seelsorgerlich tragen." Heute wissen wir, wie das damals Begonnene sein Ende gefunden hat. Wir wissen aber auch, daß es in dieser Weltzeit kaum eine Ehe gegeben hat, in der dieser Satz in solcher Konsequenz gelebt wurde.

Am 31. Oktober 1922 trat Paul Schneider in das Predigerseminar seiner Kirche in Soest ein. Als erster der neun Kandidaten mußte er einen Gottesdienst halten. Der Predigttext stand in Lukas 9,57-62: Vom Ernst der Nachfolge!

Es ist schon bemerkenswert, daß immer dann, wenn im Leben von Paul Schneider etwas Besonderes eintrat oder wenn er an einem neuen Lebensabschnitt stand, ihm ein Bibeltext zuteil wurde, der erst in seinem späteren Leben ein besonderes Gewicht bekam.

In Soest fühlte er sich wohl und notierte: „Die Ordnung, Ruhe und geistige Arbeit des Klosteraufenthalts empfinde ich sehr wohltuend; wenn ich sie nur so recht als Geschenk mit ganz reinem Gewissen genießen könnte." (Tgb.). Das Predigerseminar, das in einem ehemaligen Kloster untergebracht war, vermittelte eine beruhigende Atmosphäre. In der Weihnachtszeit verbrachte er wieder wenige Wochen in Hochelheim und half dem Vater im Amt.

Nachdem er im Januar 1923 wieder in die alte, ehrwürdige Stadt Soest zurückgekehrt war, standen im Seminar die Veröffentlichungen des Tübinger Theologieprofessors Adolf Schlatter auf dem Studienplan. Schlatter war Schüler von Johann Tobias Beck und stammte aus einer reichen pietistisch-reformierten Tradition. In Tübingen hatte Paul Schneider bei ihm eine vierstündige Vorlesung „Erklärung der Reden Jesu bei Lukas" und ein „Neutestamentliches Seminar" belegt. Schlatter war Schweizer, mancher Student hatte Schwierigkeiten, seinen Dialekt zu verstehen. Daher blieb Paul Schneider in Tübingen oft den Veranstaltungen fern. Nun notierte er in sein Tagebuch: „... und als in Soest Schlatter behandelt werden sollte, war ich zuerst enttäuscht, um ihn dann während des Semesters mehr und mehr schätzen zu lernen. Hand in Hand damit geht eine Wandlung meiner eigenen theologischen Ansichten. Ich glaube, ein bißchen verstanden zu haben, und möchte mich selber meiner Grundstruktur nach auch eher positiv als liberal nennen. Im eigenen Sündenbewußtsein erschließt sich uns mit absoluter Geltung die Gottheit und Erlöserkraft Jesu Christi." Indem ihm die Erlöserkraft Jesu Christi mit all ihren Konsequenzen deutlich wurde, erhielt er unter der Hand des „Töpfers" die Form, die ihn befähigte, Zeuge Jesu Christi zu sein.

Inzwischen mühte er sich mit seinen Arbeiten zum zweiten theologischen Examen ab. Zu Pfingsten durfte eine Ruhepause eingelegt werden. Er holte seine Schwiegermutter und seine Braut vom Bahnhof in Friedberg/Hessen ab. Da der Vater krank war, übernahm der Sohn den Gottesdienst. Seine Braut begleitete ihn, es waren fröhliche Tage des Beisammenseins, die aber bald zu Ende gingen.

Wochen später braust der Sturm wieder los: „Aus dem Examen ist nichts geworden ... Was soll ich tun? Ich kann den Ausweg nicht finden. So oder so, sei treu! Glaub und vertraue!" (Tgb.) Examensangst? Nein! Hier ist wieder der am Werk, der es nicht zulassen will, daß der Geist der ersten Zeugen lebendig wird. Lassen wir Paul Schneider selbst zu Wort kommen:

„Soest, den 19. Juni 1923
Das Allerschwerste für das Menschenherz ist die Demut. Demut hat nur der, der ganz von sich selber los-

34

kommt. Wir müssen uns hassen lernen. Die dunkelsten Stunden unseres Lebens führen uns auch am nächsten zu Gott, und wir schulden ihm für sie den größten Dank." (Tgb.)

Er verschob sein Examen, was ihm beim Konsistorium einige Schwierigkeiten bereitete, die aber durch den Seminarleiter wieder behoben wurden. Paul Schneider schrieb:

„Ich habe mein Examen aufgeschoben ... Niemand kann zwei Herren dienen. Ich glaube auch, daß ich im Interesse einer ruhigen Ausbildung meines Glaubens- und Geisteslebens ein Recht dazu habe." (Tgb.)

Er suchte in der Bibliothek nach geistlicher Nahrung und stieß auf Friedrich August Tholuck (1799-1877), einen einflußreichen Theologen der Erweckungsbewegung, der als Professor der Theologie in Halle und Berlin gewirkt hatte. Dieser wandte sich in seinen Predigten gegen die Überfremdung der Theologie durch die idealistische Philosophie und die Erstarrung biblischer Verkündigung, wie sie von der Orthodoxie her betrieben wurde. Außerdem fielen Paul Schneider Predigten von Johannes Wichelhaus (1819-1858), der ebenfalls als Professor der Theologie in Halle gewirkt hatte, in die Hände. Die unzweideutige Stellung von Wichelhaus zur Heiligen Schrift und zu den Bekenntnisschriften der Kirche überhaupt hatten ihn, der aus rheinischen Erweckungskreisen kam, innerhalb seiner theologischen Fakultät einsam werden lassen. Im Anschluß an diese Lektüre notierte Paul Schneider in sein Tagebuch:

„Gott sei Dank, der meine Tage wieder füllt und ihnen die Öde und Leere nimmt ... Gott ist getreu, der euch nicht läßt versucht werden über euer Vermögen, sondern schafft, daß die Versuchung so ein Ende gewinne, daß ihr mögt bestehen."

Trotz alledem verließ ihn das Dunkel nicht. Eine Zeitlang meldete es sich noch hier und da zu Wort. Es schien fast so, als ob Paul Schneider in einem Einübungsprozeß für spätere Zeiten stände. Der Hinweis: „Gott ist getreu, der euch nicht läßt versucht werden über euer Vermögen", zieht sich wie ein roter Faden durch sein Leben. Seine für zwei Jahre letzte Tagebucheintragung lautet:

> „Viel Dunkelheit und Not wieder in den letzten Wochen und Monaten. Noch kann ich Gottes Willen nicht deutlich sehen, noch seiner Kraft und Hilfe nicht gewiß sein in dem angefangenen Beruf. Ich lebe wie aufs Ungewisse. Meine Entschlüsse sind abhängig vom Zufall der Stunde. Ich bin ein Spielball in der Hand der Menschen. Ich kann nicht beten, nicht glauben. Meine Augen sind öde und leer."

Die Schriftzüge verraten eine große innere Erregung und Spannung.

Trotz dieser inneren Spannungen richtete er seine Blicke auf den Menschen, auf den Nächsten, auf das Vaterland, das schwer daniederlag. Er schrieb:

> „Dieses Leiden legt sich bei der starken Solidarität unserer Arbeiter über die ganze deutsche Arbeiterschaft, schmilzt sie nur um so fester zusammen und wird Deutschland zu einem Arbeiterstaat, und das ist dann der soziale Staat, umschaffen. Wer diese Kräfte zu diesem Arbeitswillen allein geben kann, ist klar, und so wird dieser soziale Staat viel mehr von den Kräften des

Christentums durchdrungen sein müssen, als es bisher eine Volksgemeinschaft gewesen ist." (Tgb.)

Für seinen Vater, der schwer unter der Not seines Volkes litt, fand der Sohn die tröstlichen Worte:

„Ein dunkler Schatten liegt ja, wie über unser aller Leben, so ganz besonders über Deinem Lebensabend, lieber Vater; die Not unseres Vaterlandes, seine seelische Not, die es im Stürmen und Brechen der Tage den haltenden Anker noch nicht hat finden lassen. Darum muß die Not vorläufig noch höher steigen. Und ob nicht das Deutsche Reich darüber zerbricht? Es berührt einen heute ganz eigen, wenn man sieht, wie die großen Propheten des Alten Testaments der fast völligen Vernichtung ihres Volkes kalt und entschlossen ins Auge sahen. Gottes Reich über alles! Auch das deutsche Volk ist nur sein Werkzeug, das er sich für seine Zwecke zubereitet, wie er immer will, das auch nur ein zeitliches, vergängliches, bedingtes Zwischenglied sein kann auf dem Wege zu dem Ziel: ,Da er sein Reich groß machen wird und des Friedens auf dem Throne Davids kein Ende und in seinem Königreich.' Nein, die tiefe Freude, die Freude in Gott soll auch kein noch so schweres Geschick des Vaterlandes uns rauben dürfen und können, die wir nicht sehen auf das, was sichtbar, sondern was unsichtbar ist. Denn was sichtbar ist, das ist zeitlich; was aber unsichtbar ist, das ist ewig. Und wenn es schon den alten Propheten nicht bange wurde, die doch nur in der Hoffnung lebten, die das Heil noch nicht gesehen hatten, wenn sie die Heilshoffnung schon höher achteten als Ruhm und Ehre und Glück ihres Volkes, wie sollte uns bangen, denen das Heil gegeben und versiegelt ist und die wir wissen, daß alles, was noch kommt, nur der vollendete Ablauf der Heilsgeschichte ist! Gewiß, wir leben noch in dieser Welt und mit diesem unserem leidenden Volke und teilen auch seine Leiden. Aber wir haben Auftrag und Beruf aus einer anderen Welt, und dort ist unser Bürgerrecht. Und wir wissen, diese Welt wird trotz allem einmal siegen; deshalb sind wir fröhlich in Trübsal."

Hier öffnete sich der Sohn dem Vater! Er wies ihn, und somit auch sich selbst, auf den Herrn hin, der das Heil ist und inmitten der Trübsal den neuen Äon hat anbrechen lassen. Damit sprach Paul Schneider schon sehr früh aus, was ihm später mehr und mehr zur Gewißheit wurde: Die Wirklichkeit der anderen Welt, in welcher der glaubende Christ ein Bürgerrecht hat.

Im Oktober 1923 legte er dann in Koblenz sein zweites theologisches Examen ab. Er schrieb:

„Meine wissenschaftliche Hausarbeit: ‚Was ist von dem Begriff der Heilstatsachen zu halten?‘ hatte mich diese Frage ganz im positiven Sinn beantworten lassen ... Die Arbeit half mir sehr zur Klärung des eigenen Standpunktes. Du weißt, ich mußte mich von dem liberalen Standpunkt dahin durchfinden." (Tgb.)

Zum Abschluß der Soester Zeit lassen wir hier seinen Mitbruder Wilhelm Gründler zu Wort kommen, der nach bestandenem Examen mit ihm zusammen in die Berliner Stadtmission ging, da für beide innerhalb ihrer Kirchen keine Hilfspredigerstelle zur Verfügung stand: „Paul Schneider eignet sich gar nicht dazu, daß man ihn nachträglich glorifiziert, schlicht und einfach wie er war. Gerade das verband uns. Er versuchte einfach das zu sagen, was ihm aufgeleuchtet war, und Freund und Feind das zu bezeugen, was ihm in seinem Leben eine Realität geworden war ... Wir bestanden beide das zweite theologische Examen. Bei der Frage: Was nun? folgten wir einer Einla-

38

dung von Pastor Erich Schnepel nach Berlin in die dortige Stadtmission, da z.Zt. keine Hilfspredigerstellen frei waren. Für einen halben holländischen Gulden, den Pastor Schnepel uns schickte (es war Herbst 1923, mitten in der Inflation), fuhren wir beide nach Berlin, jeder dort an einen anderen Platz, den Pastor Schnepel uns innerhalb seiner Mitarbeiter, die meistens aus Chrischona kamen, anwies" (Brief an den Verfasser).

Paul Schneider selbst schrieb aus Berlin:

„So bin ich nicht von ungefähr in den Schnepelschen Kreis geraten, der einst in Notzeit, um die Stadtmission zu entlasten, sich finanziell von ihr frei gemacht hatte und seit der Zeit auch in äußerer Beziehung, in Sachen des täglichen Brotes, alles nicht mehr auf dem Mittelsweg einer Organisation, sondern unmittelbar von dem lebendigen Herrn erwartet, ohne daß sich der einzelne an ein bestimmtes Gehalt bindet ... Daß die Auseinandersetzung mit einer Frömmigkeit, deren Ansprüche über die der hergebrachten kirchlichen Lehre hinausgehen, mir nicht so ganz leicht ist und mich wieder einmal die Rolle eines Bankrotteurs spielen läßt, ist letztlich doch auch als gutes Ergehen zu buchen. Wenn ich auch aus diesem merkwürdigen Berlin mit seinen noch merkwürdigeren Menschen schon mal habe ausrücken wollen, so hat Gott mir doch den Mut, wie Ihr mir wünscht, wieder aufgefrischt, und ich will nun gewiß nicht eher hier weg, als ich mit dieser Auseinandersetzung zu Rande gekommen bin. – Hier gibt es nämlich Menschen, die behaupten, Jesus nicht nur zu kennen und seiner Lehre zu folgen suchen, sondern ihn als die lebendige Kraft ihres Lebens zu besitzen, der sie frei gemacht hat von der Sünde, daß diese keine Gewalt mehr über sie hat. Sie behaupten das nicht nur, sondern machen ganz den Eindruck, als hätten sie ihr Leben wirklich vollkommen an Jesus ausgeliefert, liebten nur ihn allein, und als seien sie wirklich allem Eigenen in Wunsch, Gedanken oder Gefühl abgestorben. Sie machen den Eindruck von wirklich Erlösten. Sie bewähren ihr Christentum in großer Opferkraft und Freudigkeit. Ganz kindlich verkehren sie mit dem Heiland wie mit dem nahen und wirklich lebendigen Freund, der gewiß all ihr Anliegen erhört. Da muß ich mir sagen: So ein Gotteskind bist du noch nicht. Ich fühle es, wie ein Bann trennt mich noch so viel unausgesprochene Sünde, so viel Hängen an eigenen Wünschen, so viel Trotzen auf eigene Gedanken von ihm. So kommt es, daß ich aus dem Subjekt Mission erst mal ihr Objekt geworden bin."

In einem Brief an seinen zukünftigen Schwager schrieb er:

„Prüfet die Geister! Fromm sein wollen viele, aber lehrreich ist darum auch, hier einmal unterzutauchen."

Im Sommer 1924 wurde Paul Schneider seinem Vater als persönlicher Vikar zugeteilt. Am 30. Januar 1925 erfolgte die Ordination durch den für Hochelheim zuständigen Superintendenten, der als Ordinationstext wählte:
„Ich schäme mich des Evangeliums von Christus nicht; denn es ist eine Kraft Gottes, die da selig macht alle, die daran glauben" (Römer 1,16). Ein schweres, aber wegweisendes Wort für den jungen Geistlichen.
Das rheinische Konsistorium betraute ihn mit einer Hilfspredigerstelle in Essen-Altstadt. Keine leichte Aufgabe für einen an dörfliche Verhältnisse gewöhnten jungen Menschen. Hieran änderte auch die Tatsache nichts, daß er in Berlin die großstädtischen Verhältnisse kennengelernt hatte. In Essen war er nämlich nicht in eine Gemeinschaft eingebunden, in der einer des anderen Bruder

sein wollte. Dort stand er allein auf weiter Flur. Bevor nun sein eigenes Fragen und Suchen glaubenstragende Antworten fand, brach der Sturm noch einmal los:

> „5. September 1925, Essen, Weberstr. 5 Fast zwei Jahre lang habe ich keine Eintragungen mehr gemacht. Bin ich weitergekommen im Christentum, in der Kunst des Lebens, in der Erkenntnis Gottes, in der Welt der Menschen? Habe ich meine Zeit genutzt, oder war ich ein ungetreuer Haushalter? ... Du Gott allein weißt die Größe meiner Schuld. An deine Gnade und Barmherzigkeit wende ich mich; verwirf mich nicht von deinem Angesicht und zeige mir den Weg, den ich gehen soll! ... Ich habe das allerliebste Mädchen, das sich denken läßt, und kann es nicht heimführen. Gott, das ist deine gerechte Strafe! Ich stehe in dem höchsten Beruf und kann ihn schlecht, fast nicht ausüben ... Mein Leben gleicht immer mehr dem eines Traumwandlers!" (Tgb.)

In dieser wohl schwersten Krise seines bisherigen Lebens lief die von ihm bisher durchwanderte Weltzeit wie ein Film vor seinem inneren Auge ab. Mit einer unglaublichen Ehrlichkeit gegen sich selbst durchforstete er seine Stellung zu Gott, dessen Wort und Forderungen an den Menschen er verkündigen soll. Paul Schneider ist zutiefst aufgewühlt von der Heiligkeit Gottes und seiner, der Menschen Unzulänglichkeit. Wie hat es der Prophet Jesaja formuliert: „Weh mir, ich vergehe! denn ich bin unreiner Lippen und wohne unter einem Volk von unreinen Lippen; denn ich habe den König, den Herrn Zebaoth, gesehen mit meinen Augen" (Jesaja 6,5).

Paul Schneider kam wieder nach Hochelheim und traf dort auf den sterbenden Vater, der dann am 13. Januar 1926 aus dieser Weltzeit abberufen wurde. Welche Gedanken mögen den Sohn bewegt haben, als er an den Gräbern der Eltern stand? Er, der von der Frage nach der Existenz Gottes und nach der eigenen Würdigkeit, diese Existenz zu verkündigen, umgetrieben wurde, erlebte den Tod intensiver als mancher andere.

Die innere Auseinandersetzung hatte noch nicht das sehnlichst erhoffte Ende gefunden.

„13. März an einem Sonntagnachmittag. Von Essen noch einmal verschlagen nach Rotthausen am 1. Februar 1926. Bisher habe ich hier noch keine Predigt halten können. Mein Kopf ist sehr schwach und mein Gewissen, mein Wille sehr schwankend. Noch in Essen wurde ich mit Mazdaznan (iran. Zarathustra-Religion) und Lebensreform bekannt. Ich habe das ‚reine Blut‘ wie ein Evangelium ‚gepredigt‘ und verliere darüber den Glauben an Gott und Christus.“

Paul Schneider machte die Erfahrung, daß derjenige scheitern muß, der meint, er könne durch eine ‚gesunde‘ Lebensgestaltung unter Berufung auf naturhafte Verhaltensweisen sein Leben führen. Gerade in damaliger Zeit schossen solche Bestrebungen wie Pilze aus der Erde. Er fuhr fort:

„Was soll ich predigen ... Bisher glaubte ich immer, daß mein Gedächtnis, mein schwacher Kopf schuld seien an meiner Dienstunfähigkeit. Und doch war es ja zugleich immer das Gefühl, nicht hinter dem zu stehen, was ich sagen sollte. Es bedrückte mich bei der Vorbereitung der Predigten; es war auch, was mir bei Besuchen den Mund vor frommen Phrasen verschloß. Das Glaubensgut der Kirche ist nicht mein Glaubensgut. Die Freudigkeit beim Predigtmachen und -halten ist mir nach und nach verlorengegangen. Mein Gebetsleben war von jeher sehr kümmerlich, und nun ist es ganz versiegt ... Was ich sage, sind Phrasen, angelernt, hundertfach wiederholt. Mir fehlt eben das Gedächtnis, um in all den Amtsgeschäften so viel zu leisten wie die Kollegen. Schon fühle ich mich von den Gemeindemitgliedern, mit denen ich zu tun habe, in meiner Unwahrhaftigkeit durchschaut. Diesen Bruch kann ich nicht länger tragen." (Tgb.)

An anderer Stelle ist zu lesen:

„Ich will versuchen, das Glaubensgut, das mir geblieben ist, zu formulieren; Jesus Christus, der Herr! Reiner, edler Charakter! Doch schweig still, du hast überhaupt kein eigenes Glaubensgut!" (Tgb.)

Hier wird die innere Spannung, die innere Not, in der Paul Schneider sich befand sehr deutlich. Hätten wir das Tagebuch lieber nicht öffnen sollen? Sind wir unerlaubt in die Intimsphäre eines Menschen eingedrungen? Sollte sie zu hüten nicht oberstes Gebot eines Christen sein? Sicherlich sind solche Fragen berechtigt! Dennoch mag man bedenken, wenn wir entgegnen: Hat nicht dieses innere Ringen etwas Tröstliches für den, der in ähnlichen Situationen sich befindet? Ist es nicht tröstlich zu erfahren, daß die Zeugen des gegenwärtigen Gottes Menschen sind, die durch die Abgründe menschlichen Lebens hindurch müssen? Ist es nicht tröstlich zu erfahren, daß alle unsere inneren Kämpfe und Erschütterungen einen tieferen Sinn haben? Allein um des Trostes willen dürfen wir das Tagebuch aufschlagen. Bevor wir es aber schließen, wollen wir noch einer anderen Frage nachgehen, die oft bohrend gestellt wird: Wer ist ein Seelsorger? Seelsorger kann nur der sein, dessen eigene Seele in ständiger Bewegung in Freude und Verzweiflung, die Tiefen menschlicher Existenz durchschritten und durchlitten hat. Er muß von der Erfahrung getragen werden, daß inmitten der eigenen Ohnmacht Christus sein Halt, der Gegenwärtige ist. Mit großer Freude notiert Paul Schneider am 8. Juni 1926 in sein Tagebuch:

„Der Wurm des Todes ist die Sünde, aber Gott sei Dank, der in Christus dem Tode die Macht genommen hat! Wie sind die vorigen Zeiten wieder ein Dokument meines Unglaubens! Aus wie mancher und wie großer Not hat nicht mein Gott mir schon geholfen, und immer wieder weiß ich es so schlecht, daß seine Hand zu helfen hat kein Ziel, wie groß auch sei der Schade. Ich darf meinem Gott nun wieder Loblieder singen. Es ist der Geist von oben stärker, viel stärker als alle naturhaften Mächte. Nun sind wir auch nicht mehr Knechte der Natur. Gott, zu dir zieht alles Leben, und was nicht zu dir gegangen kommt, wird krank. Habe gestern Hans einen Brief geschrieben ... und will Gretel heute auch wieder ganz froh machen." (Tgb.)

In einem Brief aus dieser Zeit lesen wir:

„Es wird Euch und besonders Vater freuen, wenn ich bekennen darf, daß ich mit Freuden Pastor bin, auch in der Großstadt. Gott gibt mir mit den wachsenden Aufgaben wachsende Kraft. Am Sonntag hatte ich fünf Amtshandlungen. Das soll mir mein Trost und meine Zuversicht sein, wie Wichern es einmal ausspricht: Du, Gott, läßt nichts unvollendet und hast mir das Wollen geweckt; du wirst auch des Vollbringens Kraft mir schenken nach deiner Gnade und Liebe um Jesu willen."

Zum Dienst bereit

Nach dem Tode des Vaters, Pfarrer Gustav Schneider, wählten die Presbyterien von Hochelheim und Dornholzhausen im rheinischen Kirchenkreis Wetzlar seinen Sohn einstimmig zum Nachfolger. Mancherlei Hoffnungen und Wünsche mochten sich an diese Wahl geknüpft haben. Sahen sie in ihm doch den Paul, der in ihrer Mitte aufgewachsen war. Die Neubesetzung sollte schnell abgeschlossen werden, aber alles Drängen auf eine baldige Besetzung der Pfarrstelle half nichts. Das Konsistorium in Koblenz teilte mit, daß die Übernahme der Pfarrstelle erst nach Ablauf der „Sterbe- und Gnadezeit, d.i. am 31. August d.J. (1926) erfolgen kann".

Die jungen Kandidaten und Hilfsprediger wurden damals vom Konsistorium immer wieder ermahnt, nicht zu heiraten, bevor sie nicht rechtmäßige Pfarrer einer Gemeinde waren, da ihnen keinerlei finanzielle Unterstützung gewährt werden könnte. So war für Paul Schneider jetzt die Zeit gekommen, die lange Verlobungszeit mit seiner Margarete zu beenden. Der Vater in Weilheim legte vor dem Altar ihre Hände ineinander und gab ihnen das Wort aus Ruth 1,16 mit auf den Lebensweg: „Wo du hingehst, da will ich auch hingehen; wo du bleibst, da bleibe ich auch. Dein Volk ist mein Volk, und dein Gott ist mein Gott." Die Trauansprache gipfelte in dem Satz: „Seid einig, einig, einig – in Glaube, Liebe, Hoffnung!"

Am 4. September 1926 wurde Paul Schneider durch den Superintendenten des Kirchenkreises Wetzlar feierlich in das Pfarramt Hochelheim-Dornholzhausen eingeführt; er rief dem jungen Pfarrer zu: „Und David sprach zu seinem Sohn Salomo: Sei getrost und unverzagt und mache es; fürchte dich nicht und zage nicht! Gott der

Herr, mein Gott, wird mit dir sein und wird die Hand nicht abziehen noch dich verlassen, bis du alle Werke zum Amt im Hause des Herrn vollendest" (1. Chron. 28,20).

Pfarrer Schneider predigte über 1. Timotheus 3,1: „Es ist gewißlich wahr: Wenn jemand ein Bischofsamt begehrt, der begehrt ein köstlich Werk." und 2. Timotheus 3,14–17: „Du aber bleibe in dem, was du gelernt hast und dir vertraut ist, da du ja weißt, von wem du gelernt hast, und weil du von Kind auf die Heilige Schrift weißt, die dich unterweisen kann zur Seligkeit durch den Glauben an Christus Jesus. Denn alle Schrift, von Gott eingegeben, ist nütze zur Lehre, zur Aufdeckung der Schuld, zur Besserung, zur Erziehung in der Gerechtigkeit, daß ein Mensch Gottes sei vollkommen, zu allen guten Werken geschickt."

Langsam und stetig wuchs Pfarrer Schneider in seinen Dienst hinein. Seine besondere Aufmerksamkeit galt zunächst den bestehenden Gemeindekreisen, die sich um ein geistliches Miteinander in der Gemeinde mühten.

Aus seinem ersten Urlaub als Pfarrer schrieb er seiner Pfarrgemeinde einen Brief, in dem deutlich wurde, wie sehr er die Landschaft seiner Kindheit liebte und wie tief diese Eindrücke in seine Seele eingegraben waren. Er durchwanderte mit seiner jungen Frau die Stätten der frühen Kindheit, damit sie das von ihm damals Erlebte nachvollziehen konnte.

„Meine lieben Gemeinden Hochelheim und Dornholzhausen: möchte ich heute aus dem Urlaub, aus der Heimat meiner Kindheit, Pferdsfeld im Kreise Kreuznach, herzlich grüßen. ‚Kirche der Heimat' heißt unsere Heimatbeilage im ‚Kasseler Sonntagsblatt', und auch unser kirchlicher rheinischer Sonntagsgruß bringt eine ‚Heimatecke'. Wie wohl wir daran tun, die Heimaterinnerungen, die Heimatkunde und die Heimatliebe zu pflegen, merke ich in diesen Tagen sonderlich, da ich in dem Lande weile, wo meine Wiege gestanden und das mir die Eindrücke der Kindheit vermittelt hat. Das Dörflein, hoch im Wiesengrund des beginnenden Hoxbachtales gebettet, der machtvoll aufgebaute Soonwald im nahen Blickfeld, die alten, niedrigen Häuschen, die Winkel und Ecken des Dorfes, die Leute z.T. noch die alten Gestalten der Kindheit, der plätschernde Röhrenbrunnen jetzt wie einst, wie nimmt das alles die Seele in einer starken und guten Liebe gefangen, wie ruht der Leib und die Seele so gern aus im Schoße der Heimat! Nun sollt ihr aber nicht denken, meine lieben Gemeinden, daß ich Euch nicht als meine Heimat betrachte, zumal Ihr mich durch Eure Wahl ja in mein Elternhaus in Hochelheim und an der Stätte meiner Jugendjahre habt bleiben heißen. Ihr seid nun die Heimat meiner Arbeit, meine Mannesheimat und meine Pfarrheimat, die ich als Pfarrer mit der ganzen Kraft und Liebe, dir mir gegeben sind, zu einer rechten wohligen warmen kirchlichen Heimat für Euch alle ausgestalten helfen möchte. Aber gerade darum, weil Ihr wißt, daß ich als Pfarrer gern bei Euch bin und bleiben will, werdet Ihr es mir gern gönnen, daß ich mich nun in der Arbeitspause der Heimat meiner Kindheit freue und hier neue Kräfte für die Arbeit sammle."

Schlagen wir doch noch einmal das Tagebuch auf. Am 24. November 1927 notierte er:

„Fast eineinhalb Jahre sind es, daß ich dir, mein Büchlein, nichts mehr anvertraut. Aber nun rufst du mich wieder zu stiller Besinnung. Ehemann, Vater und Pfarrer bin ich geworden. Wie viele wandeln in solcher Würde doch auf verkehrtem Wege! Kommt doch auch zu mir noch heutigentags die große Unruhe, daß mein

Herz nicht alles verlassen, um Jesus zu dienen. Sind mir denn auch die ‚weichen Arme‘, von denen Kierkegaard schreibt, zum Verhängnis geworden? Habe ich in entscheidungsschweren Augenblicken meines Lebens den rechten Entschluß der Entsagung, des Verzichtes nicht gefunden? Darf ich morgen vor die Gemeinde treten mit der Adventsfreude und Adventsbotschaft?

Möchte sie doch heller in meinem Herzen brennen! Möchte Gott mir seine Gnadenfülle wieder reichlich widerfahren lassen!

O. Carstens tröstete mich, ich habe seit Berlin einen großen Schritt vorwärts gemacht. Mein Hiersein, meinte er, bedeutete, wie ich mir erbeten, Stärkung und Segen. O Gott im Himmel, laß mir nicht alles wieder geraubt werden! Schenk mir Glauben und Frieden! In der Spannung stehend, muß ich hinter all mein Tun und Sagen ein Fragezeichen setzen. Du, Gott, kannst deinen Geist der Liebe über mich ausschütten, daß aus dem Fragezeichen ein freudiges Ja werde. Amen." (Tgb.)

Gott ließ ihn im Glauben erstarken, damit er für seine Aufgaben frei wurde. Unter den Händen seines Töpfers bekam er die Form, die für die Arbeit im Weinberge Gottes nötig war. Er war mit Herz und Seele für seine Gemeinde da und nahm jede Anregung, die der Intensivierung des Gemeindelebens diente, dankbar an.

Die Frage: „Was muß ich tun, daß ich selig werde?" (Apg. 16,30), gehört zu den Grundfragen eines Christen. Pfarrer Schneider stellte sie nicht nur für sich, sondern mußte gerade im Blick auf die ihm anvertraute Gemeinde immer wieder neu über sie nachdenken. Gott hat ein Anrecht auf alle Lebensbereiche des Menschen. Darum ist die Kirche, als eine Gemeinschaft der an Gott Glaubenden, für jedes einzelne Glied verantwortlich. Wenn an einem Leib ein Glied krank ist, ist der ganze Leib krank. Es kann der Kirche nicht gleichgültig sein, in welche Richtung der einzelne Christ sein Leben treiben läßt. Pfarrer Schneider hat für seinen Bereich diese Verantwortung sehr wohl erkannt. In einem Brief an einen Amtsbruder ist zu lesen:

„… Wir schlagen uns nun schon fünf Jahre mit den von Ihnen angeschnittenen Fragen hier herum. Die Gemeinschaft hier hatte einen rein ‚kirchlichen Zweck‘, wenn sie in ihrem Männer- und Jünglingsverein außer Posaunenblasen nichts anderes trieb als Bibelstunde. Diese ‚kirchlichen‘ Gebilde in Reinkultur blieben in einem kläglichen Entwicklungsstadium stecken, ohne jeden Einfluß auf die übrige Jugend und, wie ich dann feststellte, auch ohne eine wirkliche christliche Erkenntnis und Bibelkenntnis … Wir übernahmen nicht ohne gelegentliche Zusammenstöße mit den Alten den Jungfrauenverein unter unsere Leitung, pflegten nebenher noch die übrige Mädchenwelt in offenen Abenden, bis uns eine Jungmädchenfreizeit mit zentral dargebotener Bibelarbeit und ernster Fragebesprechung, freilich auch mit Singen und Reigen, zum jetzigen Jungmädchenbund vorstoßen ließ … Ähnlich haben wir jetzt in einem Jungmännerbund Burschen aus der Gemeinschaft und andere vereint. In beiden Gruppen pflege ich ganz bewußt neben der Andacht Singen und Spielen … Ich frage Sie, lieber Bruder …, ob Sie einen maßgeblichen Einfluß auf die unseren Sonntag verweltlichende Sportbewegung haben oder glauben, nehmen zu können. Sollen wir von unseren unreifen jungen Christen Übermenschliches verlangen, daß sie sich dort durchsetzen werden? Sollen wir ihr Leben zerreißen? Teils sie in unseren christlichen Gruppen verpflichten und teils sie einem ganz anderen Geist überlassen? Sollen wir ihnen zumuten, auch die Auswüchse der weltlichen Vereine mitzumachen oder aber Spott und Hohn auf sich zu laden, ohne daß sie an einer christlichen Lebensgemeinschaft und nicht bloß Bibelstundengemeinschaft eine Stütze haben? Ich meine, wir haben nicht das Recht, unsern jungen Leuten das zuzumuten ... Sollten wir nicht alles tun, um unsere jungen Leute aus dieser Sphäre herauszuziehen? ... Wie ich meine eigenen Kinder diesen Gefahren nicht preisgeben möchte, so auch nicht meine Gemeindekinder, jetzt einmal ganz abgesehen vom Worte Gottes. Weil die Kirche ihre ‚pädagogischen‘ Jugendpflichten so lange versäumt hat, konnte das weltliche Vereinsleben so mächtig ins Kraut schießen, und wir sollten uns wahrhaftig nicht lange besinnen.“

Diese Erkenntnisse haben an Gültigkeit bis heute nichts verloren. Sicherlich haben sich die Akzente hie und da verschoben, und Ansätze zur Besinnung sind auch erkennbar. Aber dennoch fühlt die Jugend sich von den ‚christlichen Kreisen‘ alleingelassen und nicht verstanden. Die Frage, ob nicht Kirche, wenn sie wirklich Kirche ist, sich als christliche Lebensgemeinschaft darzustellen hat, ist bis heute nicht verstummt.

Die Auseinandersetzung beginnt

Das Jahr 1933 veränderte unter den Marschtritten der braunen Kolonnen der Nationalsozialisten das Leben in Deutschland zusehends. Pfarrer Schneider, der nie Mitglied einer Partei war, hielt sich bei Wahlen mit seiner Frau zur Christlich-Sozialen Volkspartei. Bei der Reichspräsidentenwahl 1932 bekannte er sich öffentlich zu Hindenburg. Die Nationalsozialisten hatten Hitler als Kandidaten aufgestellt. Die Gauleitung der NSDAP beschwerte sich beim Superintendenten des Kreises Wetzlar über das Verhalten von Pfarrer Schneider, der sich in einem Rundbrief dazu äußerte: „O des unseligen Parteigeistes! der sich versündigt am Volksganzen von hüben und drüben. Wo sind die gerecht urteilenden christlichen Gewissen, die weder vom Nationalsozialismus noch vom Sozialismus, sondern vom Evangelium her die Maßstäbe für ihr politisches Handeln gewinnen? Aus dieser Quelle bezieht sie aber der Nationalsozialismus auch nicht; wird er wirklich die beiden Pole vereinigen und unser Volk der sittlich-religiösen Erneuerung entgegenführen können, deren es so dringend bedarf?"

Schon wenige Tage nach der „Nationalsozialistischen Machtübernahme" war in Deutschland an vielen Tanzlokalen zu lesen: „Heute deutscher Abend mit deutschem Tanz!" Pfarrer Schneider fragte: „Ob das nun ein anderer Tanz ist als der gewöhnliche? Aber zu Lichtbildervorträgen, Bibelstunden lädt man das Gros der Leute vergeblich ein. Was sind unsere evangelischen Gemeinden? Und doch sind es Gottes Zeiten und Gott hat sein Werk irgendwie unter uns; daran gilt es festzuhalten und fröhlich vorwärts zu glauben." Pfarrer Schneider hat es sich selbst nie leicht gemacht. Schwester Anna Groth aus Gießen berichtet: „Seit er sich unter schweren Kämpfen seinen Glauben errungen hatte, stand dieser Glaube fest wie ein kantiger, aus dem Boden gewachsener Fels, an dem die Wasserwirbel emporschäumten und unter Toben und Brausen teilen mußten. Niemals habe ich einen Menschen gekannt, der so völlig unbeirrt, so kompromißlos seinen Weg gegangen wäre."

Dabei war Pfarrer Schneider kein Traditionalist im überkommenen Sinn, sondern hielt immer nach neuen Möglichkeiten für die Verkündigung des Evangeliums Ausschau. So verfolgte er die Ereignisse in Deutschland mit einem wachen Sinn. Die Kundgebungen zum 1. Mai 1933 weckten bei ihm gewisse Hoffnungen auf eine Änderung der sozialen Verhältnisse. Er hatte das soziale Leid der Arbeiter vor Augen und das schuldhafte Verhalten der Kirche in dieser Angelegenheit nicht vergessen. Er sagte: „Wenn wir doch auch als Kirche den positiven Beitrag zum inneren Aufbau unseres Volkes leisten könnten, den wir ihm schuldig sind in unserer eigentlichen Amtsarbeit!" In diese Zeit der Überlegungen fällt auch der Besuch einer von den Deutschen Christen[8] veranstalteten Kundgebung, auf der Pfarrer Georg Probst aus Frankfurt am Main sprach. Pfarrer Probst verstand es, durch eine stark gefühlsbetonte, national gefärbte Rede seine Zuhörer zu beeinflussen. Als später bei ihm die Begeisterung nachgelassen hatte, kam er selbst in Haft, weil er nicht mehr linientreu im Sinne des Nationalsozialismus war.

Pfarrer Schneider dachte über das Gehörte nach und prüfte, ob es nicht für ihn eine Form der Mitarbeit geben könnte. Voller Fragen fuhr er dann im August 1933 in eine Singefreizeit. Dort bekam er die rechte Aufklärung über Art und Ziele der Deutschen Christen.

Nun hatte sich seine Einstellung zu den Deutschen Christen und der sie tragenden Staatspartei gefestigt. Am nächsten Sonntag gab er in Hochelheim vor der Gemeinde folgende Erklärung ab: „Ich will ein schlichter evangelischer Christ sein und bleiben und mir dabei das Vorzeichen ‚Deutsch' schenken; denn das versteht sich von selbst." Ein Freund von Pfarrer Schneider bezeugt: „Niemand, den ich kenne oder dessen Geschichte mir zu Ohren gekommen ist, hat diesen Kampf unserer Kirche schlichter und einfältiger, zugleich lauterer und unerbittlicher geführt als mein Freund und Bruder Paul Schneider."

Pfarrer Schneider beurteilte von nun an mit einem geschärften Blick die Ereignisse der Zeit. Er reagierte dort kompromißlos, wo eine Vermengung von Kirche und Nationalsozialismus schon im Ansatz zu erkennen war. Da war das Läuten der Kirchenglocken zu sog. nationalen Veranstaltungen. Schon wenige Wochen nach der „Machtübernahme" zeigte es sich, daß der Nationalsozialismus seinen schon vorher angemeldeten Totalitätsanspruch an die deutsche Jugend in die Tat umsetzte. Ebenso erhielt die Ahnenforschung einen ungeahnten Auftrieb. Hitlers Rassenwahn kannte keine Grenzen. In seinem in hohen Auflagen verbreiteten, doch kaum gelesenen Buch „Mein Kampf" schreibt er u.a.: „Sein Davidstern (gemeint ist der Jude) stieg im selben Maße immer höher, in dem der Wille zur Selbsterhaltung unseres Volkes schwand ... Aus dieser inneren Erkenntnis heraus sollten sich für uns die Leitsätze sowie die Tendenz der neuen Bewegung formen, die unserer Überzeugung nach allein befähigt waren, den Niedergang des deutschen Volkes nicht nur zum Stillstand zu bringen, sondern das granitene Fundament zu schaffen, auf dem dereinst ein Staat bestehen kann, der nicht einen volksfremden Mechanismus wirtschaftlicher Belange und Interessen, sondern einen völkischen Organismus darstellt: einen germanischen Staat deutscher Nation."[9] Im Programm der NSDAP heißt es: „(4) Staatsbürger kann nur sein, wer Volksgenosse ist. Volksgenosse kann nur sein, wer deutschen Blutes ist, ohne Rücksichtsnahme auf Konfession. Kein Jude kann daher Volksgenosse sein."[10] Pfarrer Schneider, der sich weigerte, den Hitlergruß zu erweisen, und das auch offen aussprach, lehnte gleichfalls den Arierparagraphen ab. Sicherlich fanden Dietrich Bonhoeffers Äußerungen bei Paul Schneider ungeteilte Zustimmung, als dieser bereits 1933 folgende Gedanken offen aussprach: „Die Kirche ist den Opfern jeder Gesellschaftsordnung in unbedingter Weise verpflichtet, auch wenn sie nicht der christlichen Gemeinde zugehören. ‚Tut Gutes an jedermann.‘ In beiden Verhaltensweisen dient die Kirche dem freien Staat in ihrer freien Weise, und in Zeiten der Rechtswandlung darf die Kirche sich dieser beiden Aufgaben keinesfalls entziehen. Die dritte Möglichkeit besteht darin, nicht nur die Opfer unter dem Rad zu verbinden, sondern dem Rad selbst in die Speichen zu fallen."[11]

Die Pfarrämter waren damals gehalten, für den vom Staat geforderten Ariernachweis aus den Kirchenbüchern entsprechende Urkunden auszustellen. Pfarrer Schneider schrieb oft unter einen solchen Auszug aus dem Kirchenbuch: „Du – Arier – vergiß deine ersten Eltern – Adam und Eva – nicht!" Der Gießener Wingolf forderte damals ebenfalls von seinen Verbindungsbrüdern einen arischen Nachweis. Pfarrer Schneider verließ nun auch den Gießener Wingolf mit dem Hinweis, daß für eine „christliche" Verbindung die Forderung des arischen Nachweises ein unmögliches Ansinnen sei.

Die Gegensätze zwischen Pfarrer Schneider und den Nationalsozialisten brachen jetzt offen auf. Die braunen „Führer" weideten sich förmlich an der neugewonnenen Macht und jagten Artikel über Artikel durch die Presse, um das deutsche Volk in ihrem Sinne zu „erziehen". Der damalige SA-Stabschef Ernst Röhm wandte sich z.B. gegen das verbreitete „Muckertum". Pfarrer Schneider erklärte öffentlich dazu: „Stabschef Röhm irrt sich, wenn er

54

meint, nur mit revolutionären Kräften das Dritte Reich bauen zu können ohne die notwendige Erneuerung des Volkes." Daraufhin wurde Pfarrer Schneider von seinem Dienst beurlaubt; das Konsistorium hatte sich den braunen Machthabern gebeugt. Doch lassen wir ihn selbst zu Wort kommen.

„... Am 8. Oktober, in Dornholzhausen schon acht Tage früher, hatte ich von der Kanzel und im kirchlichen Bekanntmachungskasten gegen den Aufruf von Röhm gegen das „Muckertum" protestiert. Ich wurde natürlich, wie ich vorausgeahnt hatte, angezeigt. Um mich vor einer Verhaftung zu schützen, beurlaubte mich das Konsistorium schnellstens. Wir waren gerade fröhlich beim Singkreis in Dorlar, als der Herr Superintendent Wieber mit dem Auto vorfuhr. Am nächsten Tage wurde ich nach Koblenz befohlen vor einen Konsistorialrat und unsern Bischof, Dr. Heinrich Oberheid, (ein führender Deutscher Christ). Ich mußte mich unterrichten lassen, daß der Röhmsche Aufruf in der Hauptsache sich gegen das unberechtigte Vorgehen von SA- und SS-Leuten gegen dritte Personen gerichtet habe und daß ich in einer geführten Kirche als einzelner nicht eine so wichtige Sache vom Zaun brechen dürfte ... Ich ließ mich bestimmen – soll ich sagen: verleiten?, meinen Protest öffentlich zurückzunehmen ... Die Kreisleitung gab sich aber nicht zufrieden, sondern dort war ich schon seit langem angeschwärzt als politisch unzuverlässig, und Stützpunktleiter und Kreisleiter waren sich offenbar darin einig geworden, daß ich mindestens versetzt werden solle. Durch den Widerstand von Wetzlar konnte das Konsistorium die Beurlaubung nicht aufheben. Ich willigte ohne weitere Beweisgründe natürlich nicht in eine solche Versetzung. Es kamen zwei Vertreter des Konsistoriums; sie waren zuerst bei mir und dann bei den Stützpunktleitern. Inzwischen war eine erhebliche Unruhe und Auflehnung gegen die Stützpunktleiter in beiden Gemeinden wach geworden ... So waren diese schließlich froh, wieder einlenken zu können. Ich habe am letzten Sonntag wieder gepredigt über Römer 1,16."

Am Sonntag Septuagesimae (28. Januar 1934) hielt Pfarrer Schneider in Hochelheim eine Predigt über Matthäus 8,23-27. „Die Sturmfahrt der Kirche Christi und Jesu Herrlichkeit." Im Gottesdienst waren – wie immer – Spitzel anwesend, die nun „fündig" wurden. Das Gehörte meldeten sie sofort ihren braunen Auftraggebern nach Wetzlar; von dort wiederum setzte sich der behördliche Apparat gegen Pfarrer Schneider in Bewegung. In dieser Predigt hieß es u.a.:

„Liebe Gemeinde! Es ist wohl mittlerweile keinem denkenden und aufmerksamen Christenmenschen entgangen, daß wir in unserer evangelischen Kirche zum Kampf, zum Zeugnis, zum Bekenntnis gefordert sind ... Zwar viele schlafen noch ... sie wollen sich gar mit der Kirche gestalten, wie das die Praxis der Deutschen Christen ist. Diese Praxis müssen sie freilich mit der Irrlehre unterbauen, daß nicht das Evangelium, die frohe Botschaft von Jesus Christus, dem Sünderheiland, und dem Reiche Gottes allein, sondern daß Volkstum und Evangelium die Grundlage der Kirche seien. Indem sie Blut und Rasse und Geschichte des Volkes als Offenbarungsquellen neben Gottes Wort stellen, neben seinen im Wort der Schrift allein uns offenbarten Willen, neben Jesus als den alleinigen Mittler zwischen Gott und den Menschen, fallen sie in Wahrheit ab von dem lebendigen Gott und seinem Christus... Aber wir können unsere Augen nicht mehr verschließen vor den hoch sich türmenden Wellen, die wir heranrollen sehen aus diesem unserem Volksleben im Dritten Reich. Was sich in der „Deutschen Glaubensbewegung" unter Führung einflußreicher nationalsozialistischer Männer zusammentut, unter ihnen auch Rosenberg, der Schriftleiter des „Völkischen Beobachters"[12], ist nacktes Heidentum, mit dem es vom Standpunkt des christlichen Glaubens keine Verständigung geben kann ... Nun bist du gefordert zum Bekenntnis, zum Zeugnis, liebe evangelische Kirche, lieber evangelischer Christ. Nun sei kein stummer Hund, denn der Heiland sagt: ‚Nur der, der mich bekennt vor den Menschen, den will ich auch bekennen vor meinem himmlischen Vater.' Nun bist du umdroht, du Christ in deiner Kirche, von den Wellen, die sich von der Kirche her, von Volk und Staat wider dich erheben. Und uns ist bange, und wir fürchten uns. Es geht uns wie den lieben Jüngern auf dem Meere. Wir rufen: Herr hilf uns, wir verderben ..."[13]

Pfarrer Schneider war sicherlich kein Schulhaupt im Sinne des akademischen Sprachgebrauchs, wie etwa der Lizentiat Pastor Dietrich Bonhoeffer. Aber dennoch hat Bischof Otto Dibelius Recht, wenn er am Tage nach dem Tode von Pfarrer Schneider schrieb: „... Aber wir sind dessen gewiß, daß ein Zeuge Jesu Christi, der bis zum letzten Atemzuge im Bekenntnis gestanden hat, über den Tod hinaus, ja gerade durch seinen Tod zum Führer werden wird für viele."

Jede Gemeinde hat ihre Sitten und Gebräuche, über deren Einhaltung die Gemeinschaft mit oft peinlicher Genauigkeit wacht. Eine solche Haltung ist aber nur solange lebenswert, als durch das Beharren auf überlieferte Sitten und Gebräuche eine innere Haltung dokumentiert wird, die als Antwort auf die biblische Botschaft einen Sitz im

Leben der Gemeinde hat. Pfarrer Schneider war gezwungen, sich mit diesem Fragenkomplex eingehend zu beschäftigen. Er stand vor der Frage, wie weit die Sakramente in Hochelheim und Dornholzhausen überhaupt ernstgenommen würden. Allmählich war es ihm zur Anfechtung geworden, daß er das Heilige Abendmahl zu festgesetzten Zeiten an alle austeilen mußte, die sonst am gottesdienstlichen Leben nicht teilnahmen. Seinem Freund, Pfarrer Friedrich Langensiepen, schrieb er dazu:

„Wir stehen hier im Kampf um eine vernünftige Abendmahlsfeier. An Weihnachten konnte ich das Jugendabendmahl nicht mehr, wie nun sieben Jahre lang, nach alter Sitte abhalten. Es war nachgerade ein Unfug, daß bei dem im übrigen recht spärlichen Gottesdienstbesuch der Jugend bei dem zweimaligen Festabendmahl im Jahr für die Jugend sich alles drängte und so seine Verpflichtungen gegen Gott und die Kirche ablöste.
Ähnlich ist es auch bei den anderen Altersgruppen. Wir haben zwar guten Kirchenbesuch, aber immer drängt beim Abendmahl eine Menge solcher in die Kirche, die am Abendmahlstisch nichts suchen können und nichts zu suchen haben, daß die Abendmahlsgemeinde unmöglich als solche erscheinen kann und darum auch kein Segen von unseren Abendmahlsfeiern zu spüren war. Nun habe ich den Zwang der Sitte, der bis auf wenige Ausnahmen alle zum Abendmahlstisch führte, zerbrochen."

In diesem Zusammenhang ist es wichtig, was Pfarrer Schneider einer ihm bekannten Schwester schrieb, denn aus seinen Zeilen spricht der ganze Ernst priesterlichen Bemühens:

„... Wir wollen es immer besser lernen, daß das meiste, was uns zu schaffen machen soll, worüber wir uns zu bekümmern haben, unsere Sünde sein soll, um so auch besser die Sünden anderer priesterlich tragen zu lernen."

Wenn er die Abendmahlssitte änderte, dann war es von ihm aus ein Akt der Liebe, denn es steht geschrieben: „Denn sooft ihr von diesem Brot eßt und von diesem Kelch trinkt, verkündigt ihr des Herrn Tod, bis daß er kommt. Welcher nun unwürdig von diesem Brot ißt oder von dem Kelch trinkt, der ist schuldig an dem Leib und Blut des Herrn. Der Mensch prüfe aber sich selbst, und so esse er von diesem Brot und trinke von diesem Kelch! Denn welcher so ißt und trinkt, daß er nicht unterscheidet den Leib des Herrn, der ißt und trinkt sich selber zum Gericht" (1. Kor. 11,26-29). Das Abendmahl darf nicht unter einem psychologischen Dorfzwang stehen. Die Abendmahlsgemeinschaft fordert ein uneingeschränktes Bekenntnis zu Christus als dem Herrn über Leben und Tod. Daher ist der Gang zum Tisch des Herrn ein ganz persönlicher Akt. Pfarrer Schneider forderte eine von innerem Ernst getragene Beichte, die zum Abendmahl führt. Die Gemeinde sollte freiwillig und nicht wegen einer überkommenen Sitte der Einladung zum Tisch des Herrn folgen. Pfarrer Schneider wurde täglich von der Frage bedrängt: Wie kann ich als Pastor, d.h. als Hirte, diese Gemeinde, deren Glieder mir anvertraut sind, vor dem geistlichen Tod retten, der zwangsläufig zum Verlust der Ewigkeit führt? Seine Predigten legen davon ein beredtes Zeugnis ab. So wies er auf die Verantwortlichkeit der Menschen hin und sagte in einer Predigt:

„Es ist aber der Menschen und der Völker Schuld, wenn solche teure Zeit des Wortes Gottes kommt.

Auch wir haben diese Zeit der Kirchennot in Deutschland wohl verdient mit unserer Gleichgültigkeit und Verachtung des göttlichen Wortes. Aber wehe uns, wenn wir nicht mehr Säe- und Erntearbeit treiben dürfen am göttlichen Wort mit Alten und Jungen in unseren Dörfern und Gemeinden! Was hülfe es dem Menschen, wenn er die ganze Welt gewönne, und nähme doch Schaden an seiner Seele! Darum, o Land, Land, höre des Herrn Wort!

Das heilige und gerechte Walten Gottes teilt sich auf: Es sind Wege der Gnade für die ernsthaften Beter, für die Gottesfürchtigen, für die, die in ihrer Not zu Gott schreien, für diejenigen, die Gott, den Geber, liebhaben, mehr als alle seine Gaben und Geschöpfe, und es sind Wege des Gerichts für alle Gottlosen. Der Herr ist nahe allen, die ihn anrufen, allen, die ihn mit Ernst anrufen. Wenn wir etwas ernsthaft von ihm mit gottesfürchtigem Herzen begehren, will er unser Schreien hören, daß wir seine Hilfe erfahren. Das soll gelten für die Not ums Brot und für die Not ums Wort Gottes, für die Not der Existenz, die heute so manchen Gottesfürchtigen bedroht, und für die Kirchen- und Gemeindenot."

Das Presbyterium in Hochelheim war empört über das eigenmächtige Handeln des Pfarrers und wandte sich sofort beschwerdeführend an das Konsistorium in Koblenz. Die Kirchenoberen verwiesen auf die überkommene Sitte, die bis Weihnachten 1933 praktiziert worden war.

In Hochelheim setzte sehr bald ein Intrigenspiel gegen Pfarrer Schneider ein. Der Stützpunktleiter der NSDAP, seiner Macht bewußt, überwachte ihn ständig und gab seine „Beobachtungen" an die Kreisleitung der Partei nach Wetzlar weiter. Pfarrer Schneider kannte im Blick auf das Bekenntnis der Kirche in seiner Amtsführung keine Kompromisse. Das paßte den Machthabern in den braunen Uniformen natürlich nicht. Sie wollten den christlichen Glauben auf ihre Weltanschauung einschwören. Es muß zum Verständnis der damaligen Situation daran erinnert werden, daß bereits im Jahre 1922 der spätere Chefideologe der NSDAP, Alfred Rosenberg, in einer Schrift „Wesen, Grundsätze und Ziele der NSDAP" folgendes ausführte:

„Der Gedanke, der allein imstande ist, alle Stände und Konfessionen im deutschen Volk zu einen, ist die neue und doch uralte völkische Weltanschauung, fußend auf dem nur verschütteten deutschen Gemeinschaftsgeist. Diese Weltanschauung heißt heute Nationalsozialismus."[14] Mit dieser Zielsetzung war der 24. Artikel des Parteiprogrammes der NSDAP konzipiert worden, in dem es heißt: „Die Partei als solche vertritt den Standpunkt eines positiven Christentums, ohne sich konfessionell an ein bestimmtes Bekenntnis zu binden."[15] Dieses „positive Christentum" hat mit dem Christus des Neuen Testaments keine Gemeinsamkeit. Pfarrer Schneider hatte dieses sehr bald erkannt und schrieb in einem Brief vom 29. Januar 1934:

„... Ich glaube nicht, daß unsere evangelische Kirche um eine Auseinandersetzung mit dem NS-Staat herumkommen wird, daß es nicht einmal geraten ist, sie noch länger aufzuschieben, bei allem schuldigen christlichen Gehorsam."

Während Pfarrer Schneider sich wegen „seines schriftmäßigen Verständnisses der Abendmahlsfeier und der ernst zu nehmenden Beichtfrage" vor dem Konsistorium in Koblenz zu verantworten hatte, forderte der Landrat des Kreises Wetzlar fernmündlich seine erneute Beurlaubung aus dem Pfarrdienst, da er eine Äußerung gemacht hatte, die sich gegen eine Verlautbarung des Reichspropagandaministers Dr. Joseph Goebbels richtete. Erschwerend wurde noch angeführt, daß er Ende Januar 1934 die Erklärung des Pfarrer-Notbundes, mit der gegen den Erlaß des Reichsbischofs vom 4. Januar 1934 protestiert wurde, nach der Predigt über „Die Sturmfahrt der Kirche Christi und Jesu Herrlichkeit" (Matth. 8,23-27) vor der Gemeinde öffentlich verlesen hatte. In der Erklärung heißt es: „Wir erheben vor Gott und dieser christlichen Gemeinde Klage und Anklage dahin, daß der Reichsbischof mit seiner Verordnung ernstlich denen Gewalt androht, die um ihres Gewissens und der Gemeinde willen zu der gegenwärtigen Not der Kirche nicht schweigen können, und zum anderen bekenntniswidrige Gesetze von neuem in Kraft setzt, die er selbst um der Befriedung der Kirche willen aufgehoben hatte ... Wir müssen uns auch dem Reichsbischof gegenüber nach dem Wort verhalten: ‚Man muß Gott mehr gehorchen als den Menschen.'" In einem Brief vom 4. Februar 1934 äußerte sich Pfarrer Schneider über die von ihm gehaltene Predigt: „Obwohl ich im allgemeinen nicht Kirchenpolitik auf die Kanzel bringe, sprach ich in dieser Predigt recht scharf gegen die Deutschen Christen und wies auch auf die Gefahren hin, die vom Volksleben und dem Staat auch im Dritten Reich dem Schifflein der Kirche Jesu Christi drohen."

Am 19. Februar 1934 versetzte das Konsistorium den unbequemen Pfarrer von Hochelheim und Dornholzhausen aus der Umgebung seiner Jugend in die Täler und Wälder seiner Geburtsheimat nach Dickenschied und Womrath in den Hunsrück.

Paul Schneider mit seiner Familie (1936).

... und sollst mein Prediger bleiben

Pfarrer Schneider verließ Hochelheim und Dornholzhausen mit wehmütigem Herzen. Ein zweimonatiges Redeverbot war vorausgegangen, so daß ihm noch nicht einmal eine Abschiedspredigt vergönnt war. Verabschiedungen konnten nur im kleinen Rahmen stattfinden. Sie waren vom Ernst der Stunde geprägt.

In Dickenschied wurde Pfarrer Schneider mit seiner Familie auf dem Pfarrhof von der Gemeinde herzlich empfangen. Am 8. Mai 1934 wehte vom Kirchturm in Womrath die weiße Kirchenfahne mit dem violetten Kreuz. Die Gemeinde war in festlicher Stimmung.

Die feierliche Einführung nahm Superintendent Ernst Gillmann vor. Trotz aller Freude der Gemeinde, daß sie nun wieder einen Pfarrer hatte, lag dennoch ein verhaltener Ernst über dieser Feierstunde. Der Superintendent sprach über Jeremia 15,19-21: „Darum spricht der Herr also: Wo du dich zu mir hältst, so will ich mich zu dir halten, und sollst mein Prediger bleiben. Und wo du die Frommen lehrst sich sondern von den bösen Leuten, so sollst du mein Mund sein. Und ehe du solltest zu ihnen fallen, so müssen sie eher zu dir fallen. Denn ich habe dich wider dies Volk zur festen, ehernen Mauer gemacht; ob sie wider dich streiten, sollen sie dir doch nichts anhaben. Denn ich bin bei dir, daß ich dir helfe und dich errette, spricht der Herr, und will dich erretten aus der Hand des Bösen und erlösen aus der Hand des Tyrannen." Pfarrer Schneider predigte über 2. Petrus 1,19: „Wir haben desto fester das prophetische Wort, und ihr tut wohl, daß ihr darauf achtet als auf ein Licht, das da scheint an einem dunklen Ort, bis daß der Tag anbreche und der Morgenstern aufgehe in euren Herzen."

Es ist erschütternd zu verfolgen, wie Pfarrer Schneider wiederum ein Bibelwort mit auf den Weg gegeben wurde, das später in seinem Leben ein ungeahntes Gewicht erhalten sollte. Rückschauend gleichen die Bibelworte Leuchtfeuern an seinem Lebensweg, der kompromißlos ins Martyrium führte.

Schon vier Wochen nach seiner Amtseinführung begannen die Geister zu toben. Pfarrer Schneider hatte in Gemünden eine Vertretung übernommen. Was sich dort ereignete, entnehmen wir dem folgenden Bericht:

„Am 11. Juni 1934 fand in Gemünden (Hunsrück) die Beerdigung eines Hitlerjungen statt, die Pfarrer Schneider in Vertretung des verreisten Ortspfarrers hielt. Schneider hatte den Jungen während seiner Krankheit mehrfach seelsorgerlich besucht. Im Rahmen der kirchlichen Beerdigungsfeier redete der Kreisleiter der NSDAP Nadig aus Gemünden; er sprach davon, daß der Verstorbene nun ‚in den Sturm Horst Wessels‘ aufgenommen sei.

Pfarrer Schneider sah sich zur Abwehr dieses Ausdrucks genötigt; er tat dies mit folgenden Worten: ‚Ob es einen Sturm Horst Wessels in der Ewigkeit gibt, weiß ich nicht; aber Gott der Herr segne deinen Ausgang aus der Zeit und deinen Eingang in die Ewigkeit! Lasset uns nun in Frieden gehen zum Hause des Herrn und Totengedächtnis halten vor Gott und seinem heiligen Worte!‘ Darauf trat der Kreisleiter noch einmal vor und sprach: ‚Kamerad Moog, du bist doch hinübergegangen in den Sturm Horst Wessels.‘ Auf dies nochmalige Vortreten antwortete Pfarrer Schneider: ‚Ich protestiere. Dieses ist eine kirchliche Feier, und ich bin als evangelischer Pfarrer für die reine Lehre der Heiligen Schrift verantwortlich.‘ Nach diesen Worten verließ Pfarrer Schneider den Friedhof.“

Im Angesicht der Ewigkeit kann es keine Kompromisse geben. Die Botschaft, die zu verkündigen ist, läßt weder Sentimentalität noch Heroismus zu, sie stellt mit ganzem Ernst die Gegenwart Gottes in die Zeit. Am Verhalten von Pfarrer Schneider wird deutlich, aus welcher Verantwortung er lebte. Er verstand sich als Botschafter des Herrn, der über Leben und Tod entscheidet. Nicht den Großen dieser Welt: Gott allein gebührt die Ehre. Gerade hier mußte ein deutliches Zeichen aufgerichtet werden. In unserem Bericht heißt es weiter:

„Auf dem Hunsrück zerfällt die kirchliche Beerdigungsfeier in die Feier am Grabe und die Feier im Gotteshaus; erst im Gotteshaus wird die feierliche Handlung geschlossen. Schneider wäre ein untreuer Seelenhirte gewesen, wenn er nicht die anfänglich für einen evangelischen Christen anstößige, in ihrer Wiederholung aber direkt verletzend wirkende Redensart taktvoll und später mit deutlicher Schärfe zurückgewiesen hätte."

Die Formationen der einzelnen Gliederungen der NSDAP wurden angewiesen, nicht an den Feierlichkeiten in der Kirche teilzunehmen; sie marschierten vom Friedhof direkt ins Wirtshaus. Pfarrer Schneider bemühte sich vergebens um ein Gespräch mit dem Parteifunktionär. Schließlich schrieb er dem Kreisleiter Nadig folgenden Brief:

„Dickenschied, den 13. Juni 1934
Sehr geehrter Herr Kreisleiter!
Zu dem gestrigen Vorfall auf dem Friedhof möchte ich Ihnen, nachdem ich Sie gestern vergeblich zu sprechen suchte, einige Worte schreiben, die Sie bitten wollen, mein Handeln zu verstehen.

Es ist mir persönlich leid, daß es zu diesem Zusammen-stoß kam, aber ich handelte in einer Zwangslage. Auch die Friedhofsfeier ist eine streng kirchliche Feier, im Namen des dreieinigen Gottes eingeleitet und geschlos-sen mit dem Segen und der Einladung zum Gotteshaus. Es geht nicht an, daß dabei, wer nur will und was er nur will, redet. Dies Verständnis für rechte kirchliche Ord-nung darf ich bei Ihnen voraussetzen. Wenn schon der Ersatz des lebendigen Gottes durch das ‚Schicksal‘, das den Jungen abgerufen habe, in einer evangelisch-kirch-lichen Feier nicht wohl überhörbar ist, so mußte die Einführung des himmlischen Sturmes Horst Wessel, der übrigens von dem einmal gewesenen Bischof Hos-senfelder erfunden worden ist, den die Feier leitenden und für deren kirchlich-bekenntnismäßigen Charakter verantwortlichen Pfarrer zum Widerspruch nötigen. Ich tat das in der mildesten Form, die am wenigsten Aufsehen erregen sollte. Ihr nochmaliges Auftreten zwang mich, Protest einzulegen.

Bei einer evangelisch-kirchlichen Feier hat die Stimme Gottes nach der Heiligen Schrift unüberhörbar zu Ge-hör zu kommen. Unser Kirchenvolk ist wahrhaftig liberalisiert genug, als daß noch länger jede Meinungs-äußerung in der Kirche zu ihrem Rechte kommen könnte. Bei einer kirchlichen Beerdigungsfeier insbe-sondere verträgt es der Ernst der Ewigkeit nicht, mit menschlichen Maßstäben gemessen zu werden. Nicht jeder, der einigermaßen in der HJ oder SA seine Schul-digkeit tut, ist darum seligzusprechen. Den irdischen Sturm von Horst Wessel lasse ich sehr wohl gelten, aber darum läßt Gott ihn noch lange nicht gradlinig in die ewige Seligkeit marschieren. Das ist vielleicht ‚deut-scher Glaube‘, aber nicht schriftgemäßer christlicher Glaube, der mit der vollen Wirklichkeit der tief in das Herz und Leben der Menschen verflochtenen Sünde

Ernst macht. Ich wende mich außerdem an Ihr Verständnis für Ordnung und Disziplin. Ich darf in einer Parteiversammlung der NSDAP auch nicht auftreten und sagen, was ich will. Mit einer kirchlichen Feier auf dem Friedhof vereinbaren sich allenfalls Kranzniederlegungen mit einem schlichten kurzen Nachruf, aber nicht lange Ansprachen mit glaubensmäßigen Aussagen, zumal wenn nicht vorher das Einverständnis des die Feier leitenden Pfarrers eingeholt wurde.

Im übrigen wäre es mir ein Vergnügen, wenn wir uns über die Sache selbst und die dahinterliegenden Glaubenswirklichkeiten weiter unterhalten dürften."

Der Kreisleiter hat Pfarrer Schneider nie einer Antwort gewürdigt, geschweige denn zu einem Gespräch eingeladen. Seine Antwort war eine Polizeiaktion. Lassen wir hier unseren Berichterstatter wieder zu Wort kommen: „Nadig hat sich offenbar über diese Zurückweisung geärgert und veranlaßt, daß Schneider am 14. Juni nach Simmern in Schutzhaft überführt wurde unter dem Vorgeben, es wäre eine große Erregung über Schneiders Verhalten in den Hunsrückgemeinden entstanden. In jeder Gemeinde lassen sich ja einige Leute finden, die solche Erregung markieren können; das allgemeine Urteil ist aber die innere Empörung über das taktlose Verhalten des Kreisleiters bei der Beerdigung und erst recht über die der Bevölkerung unverständliche Verhaftung des Pfarrers. Immerhin setzte sich bei der Polizeibehörde, die jetzt zum Handeln genötigt worden war, ein Vorurteil gegen Schneider fest, das seine üblen Folgen bringen mußte. Aus der Schutzhaft wurde Schneider schon am 19. Juni ohne weiteres entlassen."

Die Ohnmacht der „Mächtigen" sollte mit Gewalt verdeckt werden. Wie in Wirklichkeit die Volksseele damals kochte, lassen wir uns von Pfarrer Schneider berichten:

„Während meiner Haft unterschrieben von achtundvierzig Haushaltungen meines Filials dreiundvierzig eine Eingabe, in Dickenschied das Presbyterium für die ganze Gemeinde.

Die SA-Leute drohten mit ihrem Austritt, wenn der Pfarrer nicht wiederkomme, und riskierten Verhaftung, führten Glaubensgespräche mit dem Kreisleiter und antworteten auf die Frage, was ihnen lieber sei, der Glaube oder der Nationalsozialismus, ‚der Glaube‘, um sich dann sagen lassen zu müssen, daß sie so keine rechten Nationalsozialisten seien."

Wie wenig der Nationalsozialismus im deutschen Volk Wurzeln geschlagen hatte und wie ahnungslos viele mitmachten, weil er sich so „national deutsch" gebärdete, zeigt in diesem Zusammenhang folgende Bemerkung: „Der Ortsvorsteher und Vater des Ortsgruppenleiters sagte: Wie wir für das Vaterland und den Nationalsozialismus gekämpft haben, so stehen und kämpfen wir auch für den Glauben unserer Kirche."

Es war damals wirklich etwas in Bewegung geraten, womit die braunen Machthaber nicht gerechnet hatten. Die Mauern der Kirche sollten sie nicht einreißen. Pfarrer Schneider berichtet weiter:

„Die Amtsbrüder der Pfarrbruderschaft, zu der ich gehöre, verfaßten eine Erklärung, in der sie ausdrücklich mein Handeln vor der Öffentlichkeit rechtfertigten. Sie sollte am letzten Sonntag von den Kanzeln verlesen werden, und auch an Innenministerium, Vizekanzlei und kirchliche Stellen wurde sie weitergegeben ...

... Ich glaube, dies unser Erleben nicht vorenthalten zu dürfen, weil es uns allen den Glauben stärken darf an die Sendung und Verheißung der Kirche Christi für unser Volk auch in unseren Tagen."

Pfarrer Schneider ging es allein um den wahren Glauben an Jesus Christus als Heiland der Menschen. Von seinem Naturell her war er keine Kämpfernatur, sondern vielmehr stets zur Seelsorge bereit.

Er gehörte zu den Pfarrern, die nicht gewillt waren, ihren Glauben dem künstlich gezüchteten Zeitgeist zu opfern. Den Grund dafür erfahren wir aus einem Schreiben an die Staatspolizei, die mit aller staatlichen Macht ausgerüstet war:

„Dickenschied, den 21. Juni 1934

An die
Staatspolizeidienststelle in Koblenz
durch den Herrn Landrat

Wie ich schon bei meiner Entlassung aus der Schutzhaft am gestrigen Tage bei den mir gemachten Eröffnungen durch den Herr Oberinspektor Schmidt diesem gegenüber zum Ausdruck gebracht habe, verwahre ich mich entschieden gegen die nachträgliche Beurteilung des Zwischenfalls auf dem Friedhof in Gemünden am 12. Juni, der zu meiner Inschutzhaftnahme Anlaß gab, als einer ‚staatsfeindlichen Äußerung‘. Diese Verwahrung gebietet mir schon meine Amtsehre. Gerade die Anwesenheit der vielen Uniformierten, die ich in diesem Falle als Hörer der kirchlichen Botschaft anzusehen hatte, machte mir das Einstehen für die reine Lehre um so mehr zur Bekenntnispflicht. Darum kann ich nicht, wie Sie mir eröffnen ließen, der von mir in milder Form geübten Lehrzucht den Stempel der Staatsfeindlichkeit aufdrücken. In dieser Auffassung weiß ich mich, wie verlautet, mit vielen anwesenden Uniformierten einig. Darin kann ich auch nicht, wie Sie mir in den gemachten Eröffnungen ansinnen, versprechen, mich in Zukunft ähnlicher ‚staatsfeindlicher Äußerungen‘ zu enthalten, wenn es die Pflicht meines Amtes und christlichen Bekenntnis mir gebietet.

Damit aber solche Zwischenfälle vermieden werden, die freilich dem Ansehen der Partei bei unserer an Bibel und Bekenntnis festhaltenden Bevölkerung schaden könnten, wäre es geraten, wenn auch von seiten der Partei und ihrer Organisationen die Lebensordnungen und das Ansehen der Kirche ernstlich respektiert würden.

(gez.) Schneider, Pfarrer."

Es muß beim Landrat und in der Zentrale der Geheimen Staatspolizei, die über alle Machtmittel eines totalen Staates verfügten, einen Schock hervorgerufen haben: Ein Pfarrer wagte es, ihnen unrechtmäßiges Handeln zu bescheinigen, und gab ihnen darüber hinaus noch Verhaltenshinweise für die Zukunft, damit sich solche Zwischenfälle nicht wiederholten! Aber Pfarrer Schneider spielte stets mit offenen Karten. Er war zu jeder Zeit Seelsorger; die Sorge um den Menschen, auch um den Gegenspieler, ließ ihn nie los. Nach Dornholzhausen schrieb er in diesen Tagen der Auseinandersetzung:

„... Im übrigen müssen wir in Gottvertrauen die Spannung tragen lernen und uns auch immer ausspannen lernen – von der Spannung, die heute in der Luft liegt, nicht in unseren Gemeinden, sondern im allgemeinen – und es wissen, daß die Kirche Christi mit dem Spannungsverhältnis zur Welt recht eigentlich in ihren Normalzustand zurückkehrt. Der Herr mache uns, seine kleine Herde, bereit für die Entscheidungsstunde, da es gilt, seinen Namen nicht zu verleugnen!"

Der Kampf um die Seele des deutschen Volkes war ein Kampf gegen Christus, ein Kampf gegen Gottes Wort und Gebot. Wenn die nationalsozialistischen Funktionäre noch von einer christlichen Kirche sprachen, dann nur deshalb, weil sie die Zeit für ihre Auslöschung noch nicht reif hielten. Der Blut- und Boden-Glaube sollte sich langsam in die Seelen einschleichen und den Christusglauben verdrängen. Die führenden NS-Kreise im Bunde mit radikalen Pfarrern der Deutschen Christen waren der Meinung, daß das Christentum eine Religion unter den Weltreligionen sei, die man auswechseln könne, wie es der „Geist" der Zeit befiehlt. Im Februar 1934 erklärte der Oberpräsident und Gauleiter Wilhelm Kube, einer der Mitbegründer der Deutschen Christen, vor 40 000 Amtswaltern der NSDAP: „Der einzelne mag konfessionell oder religiös stehen, wo er will: Gott will, daß Adolf Hitler Neues schafft. Der Allvater ist mit ihm, und göttliches Gelingen ist ihm gegeben. Darüber streiten wir nicht mit Waffen, das sagt uns unser aus deutschem Blut geborener Glaube. Ich habe erst neulich einen Pastor nach Sonnenberg schicken müssen, weil er beanstandete, daß der Glaube aus dem Blut geboren ist. Einen anderen Glauben gibt es ja aber nicht. Hier sind wir gewillt, ohne uns in konfessionelle Streitigkeiten einzumischen, die letzten Konsequenzen für unser Volk und unser Leben zu ziehen."

Solche Auffassungen machten damals die Runde, und viele hielten sie für verbindlich, weil sie von der „Obrigkeit" gefordert, besser gesagt: befohlen wurden.

Pfarrer Schneider bekämpfte solche Auffassungen kompromißlos. Sein Herz brannte für den lebendigen Gott und für Jesus Christus, der unterwegs war, den Menschen zu suchen. In einem Predigtkonzept für den Ostergottesdienst 1935 ist zu lesen:

„Liebe Gemeinde! Ich habe noch ein ernstes Wort an uns. Auch wir alle haben wie diese Jünger viel Unterricht vom Herrn empfangen, und auch im vergangenen Winter – in Gottesdienst und Bibelstunde – ist uns das Verständnis für Gottes Heilsgedanken, für die Gemeinschaft seiner Jünger geöffnet worden. Auch in der Frauenhilfe und im Kirchenchor hat der Herr an unser Herz greifen lassen. Ob da unser Herz brannte? Er fordert unsere Treue und Hingabe. Es besteht immer die große Gefahr, daß wir den Herrn weitergehen lassen, ihn nicht zum Hineinkommen, zum Bleiben nötigen. Das Brennen flutet leicht wieder ab, das Herz wird dann kalt und tot. Ja, es war Segenszeit; aber wir haben dennoch unsere Stunde nicht erkannt. Dieses Osterfest schließt die Winterzeit ab, in der wir uns mehr über geistliche Dinge hätten unterhalten können. Der Herr stellt sich, als wolle er weitergehen – er hat sich auch zu dir gestellt an diesem Osterfest –, er prüft dich, ob du weiter willst. Die Welt ist eine kalte Herberge ohne den Herrn, in ihr steigt der Weltabend herauf aus dem Schoß der Zeit. Dunkel ist der Lebensabend ohne Christus. Wirst du ihn weitergehen lassen? Ich stehe vor der Tür; wer meine Stimme hören wird und mir die Tür auftut, zu dem will ich eingehen und das Abendmahl mit ihm halten und er mit mir.“

Während die NSDAP die Menschen von einer Veranstaltung zur anderen trieb und sie auf zahlreichen Schulungsabenden (Teilnahme war natürlich Pflicht!) ganz auf ihr Programm einschwor, jagten immer mehr Sturmwolken über das Land hinweg. Das Familienleben litt unter den Aufforderungen der NS-Gliederungen. Die Hybris der oberen wie auch der unteren Führer der NSDAP und ihrer Gliederungen stieg. Alle, die sich von den Klängen der Fanfaren und vom Gleichschritt der Massen nicht blenden ließen und einen Blick hinter die Kulissen wagten, waren tief erschüttert. Sie begriffen ihr Volk und viele, die bis dahin treue Glieder ihrer Kirche waren, nicht mehr. Der Satan war buchstäblich losgelassen. Wie haben wir damals in den oft verborgenen Versammlungen mit betenden Herzen unsere Lieder gesungen! Die Partei, die über alle staatlichen Machtmittel verfügte, bestritt immer deutlicher den Anspruch Christi als Retter des Menschen und zeigte immer offener ihr Gesicht. Manchem, der sich zum Evangelium hielt, wurde ein Leben in „Ruhm und Ehre" geboten, wenn er bereit war, das Kreuz mit dem Hakenkreuz zu vertauschen. Nicht wenige fielen darauf herein.

In den Zusammenkünften der Bekennenden Kirche war damals etwas vom Geist echter christlicher Gemeinschaft spürbar, wie sie später kaum wieder erreicht wurde.

In Pfarrer Schneider lebte diese Ursprünglichkeit christlichen Glaubens, die sich in seinem Ringen um die Wahrhaftigkeit der eigenen Glaubenshaltung zeigte. In seinen Anfechtungen und Ausweglosigkeiten, die ihm oft Kummer bereiteten, erlebte er das Dennoch Gottes (Ps. 73). Dabei war ein besonderes Merkmal seines Glaubens die Treue.

In diesem Zusammenhang wollen wir uns an ein Wort erinnern, das er bereits am 26. Februar 1924 von Berlin aus zur Ordination seines Schwagers schrieb: „Von Natur aus sind wir alle ganz untauglich und ungeschickt, aber in Ihm ist Kraft zum Beten. Jeder eigene Bankrott führt uns immer tiefer in die Fülle seines Reichtums."

Inmitten der späteren Auseinandersetzungen mit den widergöttlichen Mächten schrieb Pfarrer Schneider:

„Wir müssen uns ja alle erst ein wenig an den Kriegszustand gewöhnen, aber dürfen dann auch lernen, darin nichts Fremdes und Außergewöhnliches zu sehen. Jesus sagt: Ich bin nicht gekommen, den Frieden zu bringen, sondern das Schwert. Und wir als Christen können ja nun einmal unser Volk und Vaterland nicht lieben, ohne daß wir Jesus an die erste Stelle rücken, und wenn wir das nicht tun, leisten wir unserm Volk und Staat auch nicht den von uns geschuldeten Dienst und lassen ihn in Abgötterei versinken."

Hier wird wieder etwas von der Verantwortung deutlich, die aus dem Glauben kommt. In dem Buch „Der Prediger von Buchenwald", in dem die tapfere Gattin dem geliebten Mann ein würdiges Denkmal gesetzt hat, berichtet sie:

„Frühling und Sommer 1935 brachten uns viele Besuche, mit denen wir uns an des Hunsrücks Schönheit freuten. Lebendig erinnert sich ein lieber Gast dieser Sommertage: ‚Was sollte man zu diesem großen Jungen sagen? Er schien die heraufziehenden Gewitterwolken nicht zu sehen. Daß er dennoch tiefer schaute, sollte mir bald auf einer gemeinsamen Wanderung klarwerden. Es war nach dunklen Regentagen der erste strahlend schöne Morgen. Ein Kind nach dem anderen durfte auf den Schultern des Vaters reiten; des Lachens und Jubelns war so bald kein Ende. An einem Feldweg überholten wir einen Mann, mit dem Paul Schneider bald in ein Gespräch kam. Ich kannte diese Art wohl. Er war ein Mensch, der weiß, daß ihm nicht mehr viel Zeit bleiben sollte; immer stiegen Flammen aus einer verborgenen Glut auf. Am Waldesrand lagen Zigeuner um ein glimmendes Feuer gekauert. Paul Schneider setzte sich zu ihnen, er mußte von dem reden, was ihm Sinn seines Lebens war. Er tat dies ganz schlicht und ohne Pathos, eindrucksvoll stellte er die Menschen vor die entscheidende Christusfrage. – Auf dem Rückweg benutzte ich einen Augenblick, als wir allein waren, ihn inständig zu bitten, doch jedes Ärgernis zu meiden. Auf meine Bitte meinte er, er könne allerdings nur versprechen, sich nicht zum Martyrium zu drängen; wo immer aber er zu einem Zeugnis aufgerufen würde, könne er nicht anders als bezeugen, daß es auf Erden kein anderes Heil gebe als allein in Jesus Christus. Mir schlug das Herz in trauriger Vorahnung, und ich wagte ein Weiteres und wies ihn auf seine liebe Frau und seine unschuldigen Kinder. Unvergeßlich ist mir dieser Augenblick. Wir standen an einer steinernen Brücke, die über ein Wasser führte. Paul Schneider drehte sich um und sah mir mit einem unbeschreiblichen Ausdruck in die Augen: ‚Glauben Sie, daß ich meine Kinder von Gott erhalten habe, um nur für ihr äußeres Fortkommen zu sorgen? Wurden sie mir nicht anvertraut, um sie für die Ewigkeit zu bewahren? – Und meine Frau? Vielleicht muß es für sie so und nicht anders kommen, um völlig zum Glauben durchzubrechen.‘ In innerer Erschütterung traten wir den Heimweg an. Der folgende Sonntag war mein Abreisetag. In der Kirche wurde das Heilige Abendmahl gehalten ... die Heilige Schrift in seinen Händen, ... die Presbyter den Kelch und das Brot tragend. So sah ich ihn zum letztenmal.“

Pfarrer Schneider suchte die Verbindung zu Gleichgesinnten und war für jede Solidarität von Herzen dankbar. In seiner Handlungsweise ließ er sich von seinem am Worte Gottes geschärften Gewissen leiten. Daß er geistliche Anliegen der Kirche auch ganz allein zu vertreten bereit war und dabei zwischen den geistlichen und weltlichen Gewalten wohl zu unterscheiden wußte, hat er des öfteren deutlich gezeigt. Kompromisse zwischen beiden Bereichen konnte es für ihn nicht geben; die Trennungslinien mußten haarscharf gezogen werden. Zwangsläufig widersetzte er sich, wenn die weltliche Obrigkeit etwas von ihm forderte, wodurch er in der Ausübung seines geistlichen Dienstes behindert wurde. Dabei war es ihm gleichgültig, wenn er unter seinen Pfarrbrüdern ganz allein stand. Vorwürfe erhob er nicht. In einem Brief aus einer wegen einer Unterschriftsverweigerung verhängten „Schutzhaft" lesen wir:

„Macht die Gemeinden möglichst selbständig! ... Von uns hätten wir Dir wieder viel zu schreiben. Du hast gehört von den fünfhundert verhafteten Pfarrern in Preußen über den letzten Sonntag, die sich weigerten, durch Unterschrift zu bescheinigen, daß sie sich vom Staat die Kundgebung der altpreußischen Bekenntnissynode vom 5.3.1935 zur Bekanntgabe im Kirchenvolk verbieten lassen.
Man wollte damit den Bekenntnischarakter und die Wucht dieses blitzartig die Situation erhellenden Zeugnisses der Kirche abdrosseln. Es ist nicht geraten. Der verhafteten Pfarrer waren viele. Sie sind wohl alle vorläufig wieder auf freiem Fuß. Ich saß vom Samstagabend über den Volkstrauertag bis Dienstagmorgen im Gefängnis in Kirchberg, leider als der einzige vom ganzen Hunsrück, aber es war doch gut, daß einer die Ehre des Hunsrücks rettete. Die Brüder hatten sich überrumpeln und nötigen lassen zur Unterschrift. Es war ihnen aber hinterher herzlich leid, und sie haben inzwischen alle ihre Unterschrift zurückgezogen, wenigstens soweit sie zur Pfarrbruderschaft gehörten. Gretel mußte sich am Samstag noch eine Haussuchung gefallen lassen, und ich bin noch heute einer großen Zahl Blätter und Schriften beraubt, die man mir entführte. Die Kundgebungen, die ich schon vorher gründlich verteilte, suchte man mit sehr geringem Erfolg aus den Dörfern herauszuziehen. Die Gemeinden standen wieder treu. Volle Passionsandachten in dieser Woche, nachdem am letzten Sonntag kein Gottesdienst sein konnte. – In Kirchberg war es nicht übel. Mit den

Kerkermeistern des Hunsrücks schließe ich allmählich Freundschaft wie einst Paulus in Philippi."

Dieser Brief stammt vom 22. März 1935. Wenige Tage zuvor hatte seine Frau ihm geschrieben:

„Lieber Paul!
Nun dauert es, scheint es, doch länger, bis Du kommst, und ich werde mich morgen auf den Weg zu Dir machen. Heute wollte Herr Superintendent zu Dir kommen, und ich hoffe, Näheres zu erfahren. Der Verstand steht einem manchmal still. Hier sagen sie, alle hätten unterschrieben; entweder hast Du die Unterschrift nicht verstanden oder zu tragisch genommen oder die anderen haben's nicht verstanden. Meinst Du, es seien das alles ‚Abgefallene'? Daß das richtig ist, was auf den Blättern steht, ist klar. Laß Dir noch einmal die Gedanken, die Du neulich bei den Frauen sagtest – 4. und 5. Gebot (Zählung nach dem Heidelberger Katechismus) – durch den Kopf gehen! Du hast nun Zeit, Dir über alles gründlich klarzuwerden, in aller Nüchternheit – wie auch Luther. Dränge Dich nicht zum Martyrium! Manchmal tun mir die anderen Pfarrer leid, auf die bei den Leuten ein schlechtes Licht fällt – oder umgekehrt? Im übrigen bin ich zufrieden, wie Du Dich entscheidest; ich weiß gut genug, wie Dich etwas plagt, das Du nicht von ganzem Herzen tun kannst. Du weißt, äußerlich kann ich schon meinen Mann stehen – es gibt auch ungeweinte Tränen. Gott gebe uns beiden Kraft, seine Wege zu gehen!"

Ein Freund des Hauses Schneider schrieb dem Verfasser: „... Aber in seinem Lebensbild darf auf keinen Fall seine Lebensgefährtin fehlen. Denn ihr Anteil an seinem Martyrium besteht darin, daß sie unter Schmerzen ihren Mann freigab, auf ihr Frauen- und Mutterrecht verzichtete und sich jeder Einflußnahme auf die Gewissensentscheidung ihres Mannes enthielt. Das wiegt um so schwerer, als beiden Menschen sehr vitale, eigenständige Charaktere sind. Welche inneren Kämpfe beide zu bestehen hatten, das weiß Gott allein."

Frau Pfarrer Schneider unternahm nie den Versuch, seine inneren Anliegen in andere, für die Familie günstigere Bahnen zu lenken. Der Brief in die Haftzelle nach Kirchberg hat es verdeutlicht. Pfarrer Schneider antwortete seiner Frau:

„Liebe Gretel!
Herzlichen Dank für Deine Zeilen! Der Superintendenten war vorhin da und sagte, ich sei der einzige, der recht getan, und brachte mir noch allerlei Nachrichten aus der Gesamtkirche, die ich Dir lieber mündlich sage. Er erzählte mir auch, wie die andern und auch er selbst überredet und aus Herdentrieb zu ihrer Unterschrift bestimmt wurden ... Morgen werden wir wieder Neues hören. Wir wollen den Ernst der Gesamtlage von Staat und Kirche nicht verkennen, aber doch getrost sein im Blick auf den Gott und Vater Jesu Christi, ohne dessen Willen kein Haar von unserm Haupt fällt. Seid auch treu in der Fürbitte für die Obrigkeit, an der wir es wenigstens im Hausgottesdienst haben fehlen lassen!"

Die Bekennende Kirche wandte sich damals immer wieder an die Gemeinden, um ihnen den Ernst ihrer Situation vor Augen zu stellen. Den Gegnern der Bekennenden Kirche war jedes Mittel recht, wenn nur dadurch die auf dem Boden der Heiligen Schrift stehende Kirche verunglimpft wurde.

Vom Dezember 1934 bis weit in das Frühjahr 1935 hinein wurde in den bekenntniskirchlichen Gottesdiensten folgende Kanzelabkündigung verlesen:

„Unsere ernsten Bemühungen um die Erneuerung, Ordnung und Befriedung der Deutschen Evangelischen Kirche werden seit längerem den schwersten Mißdeutungen preisgegeben. Wir haben das bisher getragen. Nunmehr ist sogar von verantwortlicher Stelle öffentlich der Vorwurf erhoben worden, daß sich unter dem Deckmantel kirchlicher Belange alle möglichen staatsfeindlichen und landesverräterischen Elemente zusammenfinden, um Politik gegen das Dritte Reich zu machen. Wir legen vor Gott und Menschen dagegen in feierlicher Form Verwahrung ein. Wir haben in unserem Kampf ein gutes Gewissen und sind bereit zur Rechenschaft. Wir stehen zu unserm Wort: Wir wollen keine Zufluchtstätte politisch unzufriedener Elemente sein. An zuständiger Stelle haben wir ein offenes Wort der Richtigstellung gesprochen. Wir teilen das zur Beruhigung unserer tief erregten Gemeinden mit. Niemand lasse sich die Pflicht verleiden, die ihm das Wort Gottes gegenüber Volk und Staat auferlegt.

Wir ermahnen die Gemeinden, daß sie sich weder durch Mißdeutungen noch durch Drohungen irremachen lassen in dem unerschrockenen Bekenntnis zu Christus, der als Heiland auch zu unserm Volk kommt."

Erinnern wir uns, daß Pfarrer Schneider bereits am 29. Januar 1934 in einem Brief schrieb:

„... Ich glaube nicht, daß unsere evangelische Kirche um eine Auseinandersetzung mit dem NS-Staat herumkommen wird, daß es nicht einmal geraten ist, sie noch länger aufzuschieben, bei allem schuldigen christlichen Gehorsam."

Die Nationalsozialisten bauten ihre staatliche Macht ständig aus, wobei sie in der Wahl ihrer Mittel sehr individuell vorgingen: Zuckerbrot und Peitsche – je nach den verschiedenen gesellschaftlichen Gruppierungen und einzelnen Bürgern. Daß es auch in der Bekennenden Kirche keine einheitliche Linie im Umgang mit dem nationalsozialistischen Staat gab, zeigt der aus Finkenwalde versandte Rundbrief:

„Wollt Ihr's im Fleisch vollenden?
(Aufruf)
Ernste Nachrichten aus der Bekennenden Kirche haben sich in letzter Zeit so gemehrt, daß wir nicht länger schweigen dürfen. Es ist erschreckend, wie viele unserer Brüder, die in Barmen und Dahlem Ja gesagt haben, in aller Stille den Bruderräten und der Vorläufigen Kirchenleitung den Gehorsam verweigern und sich den staatlichen Ausschüssen zuwenden. Mit Schrift und Bekenntnis kann man das nicht begründen. Man will es vielleicht auch gar nicht mehr. Das ist zuchtloser Abfall. Die Bindungen an die Bekennende Kirche werden einfach zerrissen. Für uns alle ist eine Stunde der Versuchung da. ‚Im Geiste habt ihr angefangen, wollt ihr's denn nun im Fleische vollenden?' (Galater 3,3).
Allein in Glauben und Gehorsam hatte die Kirche den ihr verordneten Kampf aufgenommen. Allein vom Wort ließ sie sich leiten. Gern gab sie für ihren Herrn alles Sorgen, alle Sicherheit, alle Freundschaft der Welt hin. Unser Weg ging auch durch Not. Aber der Herr band uns, daß wir nicht weichen. Und heute wollen wir weichen um der Freundschaft der Welt willen, wollen die Verheißung verkaufen um das Linsengericht einer gesicherten Zukunft? Wir machen ja die Botschaft unserer Kirche durch unser eigenes Handeln unglaubwürdig! Das aber ist die größte Gefahr, die uns droht, daß der Herr seinen Leuchter wegstößt, daß er die Predigt in unserem Munde kraftlos macht. ‚Im Geiste habt ihr angefangen, wollt ihr's denn nun im Fleische vollenden?' ‚Wer auf sein Fleisch sät, der

wird vom Fleisch das Verderben ernten.' Laßt uns doch nicht müde werden!

Wir bezeugen unseren Brüdern, daß wir durch die Gnade des Herrn Jesu auf dem Wege bleiben wollen, der in Barmen und Dahlem seinen Anfang nahm. Wir kennen kein rechtmäßiges Kirchenregiment außer der Vorläufigen Kirchenleitung und den Bruderräten."[16]

Von Zeit zu Zeit wollten die braunen Machthaber ihre „Legalität" demonstrieren und veranstalteten eine „Wahl" großen Stils. Bei der Reichstagswahl 1936 gab es keine Möglichkeit, mit einem direkten Ja oder mit einem klaren Nein zu stimmen. Es genügte die bloße Abgabe des Stimmzettels, um dem herrschenden System seine Zustimmung zu erteilen, d.h. das Wahlergebnis stand vorher fest. Pfarrer Schneider gab am Wahlsonntag vor der Gemeinde folgende Erklärung ab:

„Der evangelisch-reformierten Gemeinde Dickenschied bin ich folgende Erklärung schuldig: Die erzwungene Anteilnahme der Kirche an der heutigen Reichstagswahl durch Glockenläuten und Fahnenzeigen zwingt mich, aus meiner Zurückhaltung, die ich bisher beachtet habe, herauszutreten. Die Kirche kann dem Staat in seinen Plänen und Handlungen entweder den göttlichen Segen anwünschen oder aber dem Staat mit der göttlichen Warnung entgegentreten, wenn seine Pläne, Entschlüsse und Handlungen offenbar gegen Gottes Willen und Wort gerichtet sind. Fahnenzeigen und Glockenläuten aber könnte nur zu leicht als Segensanwünschung verstanden werden. Diese Segensanwünschung aber kann die Kirche dem Staat im Augenblick nicht geben. Offenbar ist mit dieser Reichstagswahl nicht nur verbunden, daß wir dem Führer unsere Stimme geben und die Außenpolitik des Führers billigen, sondern auch, daß wir die das ganze Schicksal der

Nation zutiefst berührende Weltanschauungspolitik des Nationalsozialismus billigen, die sich in immer mehr offenbar werdendem Gegensatz zum biblischen Christentum setzt. Deutschlands Schicksal entscheidet sich aber nicht an den Truppen am Rhein, sondern an der Stellung des deutschen Volkes zum Worte Gottes. Darum ist die Weltanschauungsfrage ungleich wichtiger als jede andere. Bis zum heutigen Tag ist dem Worte Gottes und dem bekenntniskirchlichen Leben die freie Entfaltung unter allen deutschen Volksgenossen immer mehr verwehrt worden. Vielmehr ist das deutsche Volk und seine Jugend einer immer offensichtlicheren Entfremdung von der Kirche Christi und von der Lehre der Heiligen Schrift und damit dem Abfall und der Empörung gegen Gott entgegengeführt worden. Eine unchristliche deutsche Gemeinschaftsschule soll mit Gewalt durchgesetzt werden. Es ist auch nicht die leiseste Zusicherung von den verantwortlichen Männern in Staat und Partei gemacht worden, daß es in diesen Dingen anders werden soll. Die Kirche Jesu Christi kann darum den Weg des Dritten Reiches in dieser wichtigsten aller Fragen nicht gutheißen, kann der Wahl des neuen Parteireichstages die göttliche Segensanwünschung nicht geben. Sie ist es vielmehr schuldig, dem Führer und der Regierung die göttliche Warnung und Gottes Gericht anzusagen, wenn von der Politik der Entchristlichung und Entkonfessionalisierung des öffentlichen Volkslebens nicht Abstand genommen wird. Du aber, liebe Gemeinde, werde wach und verteidige mannhaft deine heiligsten Glaubensgüter, bezeuge die Ehre und Majestät des lebendigen Gottes, des Vaters unseres Herrn Jesu Christi, gegenüber den Herrngöttern und Abgöttern dieser vergehenden Welt."[17]

Es wird wohl kaum einen Leser der Nachkriegsgeneration geben, der sich auch nur entfernt vorstellen kann, was eine solche Kanzelabkündigung in der damaligen Zeit bedeutete. Hier zeigte sich, woher Pfarrer Schneider den Freimut nahm, von dem sein späterer Leidenskamerad, der Notar Alfred Leikam, berichtet: „... Dort bekannte er der SS gegenüber unerschrocken seinen christlichen Glauben. In diesem Freimut war er wahrscheinlich der einzige in Deutschland. Er nannte also die Teufel beim Namen: Mörder, Ehebrecher, Ungerechte, Scheusale. Durch dieses Bekenntnis, dem er immer wieder die Gnade Christi gegenüberstellte und zur Buße rief." Jesus Christus war seine Kraftquelle; der personale Bezug zu dem Sohn Gottes ließ ihm keine andere Wahl. Die so enge Verbindung zu seinem Heiland war die Frucht ungeheurer innerer Kämpfe.

Daß Pfarrer Schneider mit seiner Frau nicht an der Reichstagswahl teilnahm, versteht sich nach diesen offenen Worten von selbst. Die Abkündigung wurde von den braunen Machthabern nicht zur Kenntnis genommen, da sie und ihre Helfershelfer mit der „Wahl" beschäftigt waren. Ihnen fiel nur das Fernbleiben der Pfarrersleute auf. Sie reagierten an dem folgenden Ostersonntag prompt – heimlich natürlich: In roter Farbe war an den Wänden des Pfarrhauses zu lesen: „Er hat nicht gewählt! Vaterland?? Volk, was sagst du?!" Das Volk, die evangelische Gemeinde, kam in seltener Übereinstimmung und völliger Freiwilligkeit und entfernte die Schrift. Eine deutlichere Antwort konnte die angeblich „kochende" Volksseele den herrschenden „Herrenmenschen" wohl nicht geben!

Pfarrer Schneider wurde von Zeit zu Zeit durch Vorladungen auf das Bürgermeisteramt in seiner Gemeindearbeit behindert. Es waren völlig falsch wiedergegebene Äußerungen, die ihm vorgehalten wurden und die es dann richtigzustellen galt. Die Mächtigen fürchteten den kleinen Dorfpastor aus dem Hunsrück, der den Menschen die befreiende Botschaft des Evangeliums brachte.

Im Mai 1936 wurde Pfarrer Schneider gebeten, mit anderen rheinischen Pastoren der Bekennenden Kirche nach Westfalen zu reisen, um dort einige Gemeinden zu besuchen. Er reiste mit großen Hemmungen ab, fühlte sich der Sache nicht gewachsen. Es widerstrebte ihm, dort von seiner und der Gemeinden Haltung zu berichten. Gott müsse ja doch ihr „armes Bekennen" in Gnaden ansehen, und sie hätten oft genug versagt. Er fährt „auf Befehl" um der Sache willen.

Pastor Wilhelm Niemöller erinnert sich dankbar an die Begegnung mit Paul Schneider, „der sich für eine Stunde in meiner Frauenhilfe gewinnen ließ und uns einen großen Eindruck hinterlassen hat".[18]

Im September schrieb Pfarrer Schneider einem befreundeten Lehrer nach Wetzlar:

> „Ja, ihr lieben Freunde, es ist mir ein großes Geschenk Gottes, daß wir trotz der überaus ernsten und gefahrvollen Zeit und des so ganz unsicheren Weges, den wir in der Bekennenden Kirche gehen müssen, doch so fröhlich, ich möchte sagen, sorglos sein können und nun erst recht die Familie und die lieben Kinder, das tägliche Brot, unser Amt und alles uns zu köstlichen Gaben Gottes werden.
>
> Wir haben hier am 23.8. die Abkündigung der Vorläufigen Leitung[19] und des Reichsbruderrates[20] zu verlesen gehabt; mich hat es in der Seele froh gemacht, es war mir eine große Befreiung, daß unsere Kirchenleitung dieses Wort gefunden und gewagt hat und wir damit durchstoßen durften durch die Nebelschwaden von List und Lüge, mit denen die weltanschauliche Lage getarnt und unser armes christliches Volk verwirrt wird. Die neu durchbrechende Sonne nach Regenwolken und Erntenot war mir ein freundliches Sichbekennen Gottes zu diesem Wort."

Die Kanzelabkündigung zu verlesen, war für Pfarrer Schneider eine wichtige öffentliche Angelegenheit. Sie war aus seinem Herzen gesprochen und hat als zeitgeschichtliches Dokument ein unschätzbares Gewicht. In ihm kommt die ganze Not zum Ausdruck, in der sich die wahre Kirche befand. Es ist daher mehr als verständlich, daß Pfarrer Schneider schrieb: „... die Abkündigung ... zu verlesen gehabt; mich hat es in der Seele froh gemacht, es war eine große Befreiung..."

Die Kanzelabkündigung vom 23. August 1936 lautet:

„Brüder und Schwestern!
Das deutsche Volk steht vor einer Entscheidung von größter geschichtlicher Bedeutung. Es geht darum, ob der christliche Glaube in Deutschland Heimatrecht behalten soll oder nicht.
Mit einer Wucht und Planmäßigkeit ohnegleichen wird das Evangelium von Jesus Christus heute bei uns bekämpft. Das geschieht nicht nur von solchen, die jeden Glauben an Gott verwerfen, sondern auch von solchen, die Gott nicht leugnen wollen, die aber meinen, die Offenbarung des einen lebendigen Gottes in Jesus Christus ablehnen zu können. Machtmittel des Staates und der Partei werden weithin eingesetzt gegen das Evangelium von Jesus und gegen die, die sich zu ihm bekennen.
Es wird uns schwer, das auszusprechen.
Die evangelische Kirche weiß sich unserem Volk und seiner Obrigkeit durch Gottes Wort verbunden und verpflichtet. An jedem Sonntag wird in den evangelischen Gottesdiensten Fürbitte getan für den Führer und für das Vaterland. Millionen von evangelischen Deutschen haben vor drei Jahren den neuen Anfang unseres Volkes mit heißem Herzen begrüßt. Sie haben es um so freudiger getan, als die Reichsregierung in ihrer ersten

Proklamation vom 1. Februar 1933 gesagt hat, sie
werde das Christentum als Basis unserer gesamten Moral in ihren festen Schutz nehmen ..."[21]

Es war für evangelische Christen ein kaum faßbarer Gedanke, daß sich im deutschen Vaterland staatliche Organe gegen das Evangelium von Jesus Christus wandten. Und doch geschah es.

„Wir haben lange dazu geschwiegen. Wir haben uns sagen lassen, es handle sich nur um das Vorgehen weniger einzelner, die zur Ordnung gerufen werden würden. Wir haben gewartet. Wir haben Vorstellungen erhoben.

Auch dem Führer und Reichskanzler ist schriftlich vorgetragen worden, was Herz und Gewissen der evangelischen Christen beschwert. Bereits am 10. April 1935 haben die damalige Vorläufige Leitung der Deutschen Evangelischen Kirche, der Reichsbruderrat und die der Vorläufigen Leitung angeschlossenen Kirchenregierungen und Bruderräte namens der ganzen Bekennenden Kirche Deutschlands ein Schreiben an ihn gerichtet.

Es klingt wie ein Schrei aus tiefer Not, wenn dieses Schreiben so beginnt:

,Es ist im deutschen Volke dahin gekommen, daß die Ehre deutscher Staatsbürger in den Staub getreten wird, weil sie Christen sind. Die christliche Bevölkerung Deutschlands nimmt in starker Erregung und Empörung wahr, daß sie um ihres Glaubens an Jesus Christus willen auf jede Weise (Presse, Theater, Vortragssaal, Massenversammlungen) verspottet und verhöhnt und in ihrer deutschen Gesinnung und Zuverlässigkeit angezweifelt wird. Dieser Verdächtigung sind in besonderem Maße ausgesetzt, die treu am Evangelium festzuhalten entschlossen sind. Alle Versuche, hier Wandel zu schaffen, sind vergeblich gewesen, zumal uns in steigendem Maße fast jede Möglichkeit öffentlicher Gegenwehr genommen wird.'

In diesem Jahre haben die jetzige Vorläufige Leitung und der Rat der Deutschen Evangelischen Kirche dem Führer und Reichskanzler eine Denkschrift zugeleitet, aus der die ganze Not und Sorge der evangelischen Bevölkerung Deutschlands sichtbar wird. Die Denkschrift ist Punkt für Punkt mit ausführlichem Beweismaterial belegt worden. Mit größter Gewissenhaftigkeit ist diese Denkschrift und ihr Inhalt vor der Öffentlichkeit, ja selbst vor den Gliedern der Bekennenden Kirche geheimgehalten worden, um dem Führer des Reiches Gelegenheit zu sachlicher Prüfung zu geben und gleichzeitig einen Mißbrauch dieser Denkschrift in der Öffentlichkeit zu verhindern. Gegen unsern Willen und ohne Verantwortung der Bekennenden Kirche wurde die Denkschrift in der ausländischen Presse veröffentlicht und dadurch auch in Deutschland bekannt.

Wir sind nunmehr gezwungen, öffentlich zu diesem Worte zu stehen. Wir müssen jetzt der Gemeinde bezeugen, was uns im Blick auf unser Volk und unsere Kirche bewegt.

Es ist der christlichen Kirche geboten, Angriffen gegen das Evangelium frei und öffentlich entgegenzutreten, ohne Furcht vor Menschen. Es ist ihr geboten, ihren Gliedern, vor allem dem heranwachsenden Geschlecht, die Augen zu öffnen für die Gefahr, in der wir alle stehen.

In solcher Verpflichtung reden wir. Was daraus wird, das befehlen wir dem, der uns in seinen Dienst gerufen hat: Er hat es geboten, er wird es walten!

Die Wahrheit des Evangeliums wird in aller Öffentlichkeit angegriffen, auch von führenden Männern des Staates. Wir erinnern uns an die Rede des Reichsleiters Dr. Ley zum 1. Mai 1936, die durch den Rundfunk und durch die gesamte deutsche Presse verbreitet worden ist. Es wird der evangelischen Kirche nicht gestattet, solchen Angriffen in derselben breiten Öffentlichkeit entgegenzutreten.

In den Schulungslagern wird vielfach die Weltanschauung des Rosenbergschen Mythos gelehrt, die den Menschen verherrlicht und Gott seine Ehre nimmt. Mit voller Offenheit wird stellenweise bereits verkündet, daß diese Weltanschauung unvereinbar sei mit dem christlichen Glauben und daß sie diesen christlichen Glauben abzulösen bestimmt sei. Auch diejenigen Christen, die den ehrlichen Willen haben, ihrem Volk zu dienen, müßten bekämpft werden – so wurde in einem studentischen Schulungslager gesagt. Wenn das Parteiprogramm vom ‚positiven Christentum' rede, so sei damit in Wirklichkeit nicht das Christentum, sondern ganz allgemein eine positive Religiosität gemeint. Man habe das nicht offen aussprechen können. Denn der Arzt könne einem Kranken nicht die volle Wahrheit sagen. Diese Ausführungen sind von dem Reichsamtsleiter Derichsweiler ausdrücklich bestätigt worden. Sie sind Hunderttausenden bekannt geworden. Niemals hat man ihnen amtlich widersprochen. Der Totalitätsanspruch dieser Weltanschauung bringt ungezählte evangelische Menschen in schwere Gewissensnot und in ständige Versuchung zu Heuchelei und Lüge.

Unter der Losung ‚Entkonfessionalisierung des öffentlichen Lebens' wird die Kirche mehr und mehr in allen ihren Betätigungen in den Raum der Kirchenmauern zurückgedrängt. Im Lande Martin Luthers wird es der evangelischen Christenheit verwehrt, in öffentlichen Versammlungen das Evangelium zu bezeugen.

Predigt und Seelsorge, wie sie etwa bei der Wehrmacht bestehen, werden in Lagern des Arbeitsdienstes weithin nicht geduldet. Die evangelische Schule wird bekämpft. Die Seelsorge an der heranwachsenden Jugend wird nahezu unmöglich gemacht. Gleichzeitig aber wird das junge Geschlecht an Herabsetzungen, ja an Verhöhnungen des christlichen Glaubens gewöhnt. In Schriften der Hitlerjugend, in Zeitungen und Zeitschriften wie dem ‚Schwarzen Korps‘[22] u.a. finden sich immer aufs neue Schmähungen des christlichen Glaubens, die sich der Wiedergabe entziehen.

Wer sich gegen diese Bekämpfung des christlichen Glaubens auflehnt, muß gewärtigen, daß er als Staatsfeind gebrandmarkt wird. Der evangelische Christ findet vielfach bei Staatsbehörden kein Gehör, wenn er um seines Gewissens willen Dingen widersprechen muß, die wider Gottes klares Gebot sind, wie etwa der massenhaften Vereidigung von Kindern am 20. April 1936.

Aus solcher Bedrückung der Gewissen, verstärkt durch dauernde Bespitzelung, erwachsen Heuchelei und knechtische Gesinnung, und schließlich lösen sich die echten sittlichen Bindungen überhaupt.

Wir sagen das alles mit tiefem Schmerz. Wir sind bereit, dem Staat und unserm deutschen Volk Gut und Blut zu opfern. Aber wir wollen uns vor Gottes Richterstuhl nicht sagen lassen: Als das Evangelium von Jesus Christus in deutschen Landen bekämpft wurde, da seid ihr stumm geblieben und habt eure Kinder widerstandslos einem fremden Geiste überlassen! Angesichts dessen, was heute in unserer Mitte geschieht, bezeugen wir dem deutschen Volke die ewige Wahrheit Gottes."[23]

Die Germanisierung der „deutschen Seele" durch die braunen Ideologen erreichte gerade zu Weihnachten 1936 einen besonderen Höhepunkt. Hans Baumann hatte das Lied „Hohe Nacht der klaren Sterne" geschrieben, das als Typ des neuen Weihnachtsliedes verstanden wurde, um das alte abzulösen. Es sollte wieder „altgermanisches Urgut" vermitteln.

Der evangelische Lehrer von Womrath, Sturm, hatte sich dem „Neuen" sehr schnell zugewandt, ob aus Überzeugung oder Opportunismus lassen wir dahingestellt. Die in Dickenschied und Womrath gelesene Tageszeitung berichtete zu Weihnachten 1936:

„Eingangs wies Lehrer Sturm in kurzen Umrissen darauf hin, daß das deutsche Weihnachtsfest unbestritten das schönste und innigste in der ganzen Welt sei und daß die Züge, die uns dasselbe lieb und wert machen, nicht mit der Christianisierung zu uns hereingetragen wurden, sondern als ureigene herrliche Wesensart von unseren germanischen Vorfahren stammen. Uns modernen und vielfach schon instinktlos gewordenen Menschen sei gleichsam ein sechster Sinn verlorengegangen, der unsern Ahnen in hohem Maße zu eigen war: eine innige Verkettung mit dem Leben und Weben der Natur und eine daraus erwachsene Instinktsicherheit gegenüber ungeschriebenen Gesetzen des Lebens; dazu eine lebhafte Phantasiebewegung, die hinter dem bloßen Leben und Naturgeschehen die gestaltenden und wirkenden Kräfte zum bildhaften Erleben bringt. Es wäre ein Segen für unser Volk, wenn wir diese Wesensart unserer Ahnen wiedergewinnen könnten."

Hier konnten das Presbyterium und ihr Pfarrer nicht schweigen. Lehrer Sturm war letztlich Erzieher an einer evangelischen Bekenntnisschule und trieb in Wahrheit neuheidnische Propaganda. Auch Sturms Kollege Kunz funktionierte den evangelischen Religionsunterricht zum nationalsozialistischen Weltanschauungsunterricht um. Damit stellten sich beide Lehrer offen gegen das Bekenntnis ihrer Gemeinde. Der Lehrer in Dickenschied hatte zudem durch seinen Lebenswandel im Dorf für Ärger gesorgt und sah nun seine Aufgabe darin, Pfarrer Schneider zu bespitzeln. Wie stellte sich Pfarrer Schneider dazu? In einem Predigtkonzept lesen wir:

„Aber die eingebildeten, stolzen und klugen, politisierenden und jeden modernen Wind einer neuen Zielrichtung propagierenden Leute – die noch Glieder unserer Kirche sein wollen – meinen Christen zu sein und zugleich das vierte Gebot (Zählung nach dem Heidelberger Katechismus) verachten zu können, das uns anweist, das Predigtamt in Verbindung mit den Schulen zu erhalten und sonntäglich den Herrn mit der Gemeinde öffentlich anzurufen. Wie sollten aber die Kinder noch christlich erzogen werden können, wenn die Eltern ihnen nicht mit gutem Beispiel vorangehen im treuen Besuch des Gotteshauses? ... Wie sollten die Kinder noch christlich unterwiesen werden können, wenn die Schule sich innerlich und äußerlich von der Kirche löst? ... Dann mag es freilich so kommen, daß man die Kinder vom Religionsunterricht der Schule abmeldet; dann mag es weiter so kommen, daß man in der Schule etwas anderes unter Weihnachten, dem heiligen Christfest, versteht als die Kirche.
Ich kann nur raten und ermahnen, daß wir eine Weihnachtsfeier, auf die diese Beschreibung zutrifft, von der die Hunsrücker Zeitung vom 4. Januar geschrieben hat, nicht mehr als christliche Weihnachtsfeier ansehen können. Sie wollte ja auch bewußt nichts mehr mit der Kirche zu tun haben, und wir wollen aus diesem Grunde unsere Kinder von solchen und ähnlichen Feiern fernhalten. Das ist eine arge Schalkerei, christliche Erziehung ohne christliche Gemeinde und Kirche tun zu wollen. Erziehung gibt es nur in der christlichen Kirche. ‚Wisset ihr nicht, daß ich sein muß in dem, das meines Vaters ist? ... Und auch hier gilt: Niemand kann zwei Herren dienen.‘"[24]

Die beiden Lehrer hätten leicht die Möglichkeit gehabt, ihren Dienst in den evangelischen Bekenntnisschulen von

Dickenschied und Womrath zu kündigen und in eine andere Schule überzuwechseln. Sie hätten ihren Austritt aus der evangelischen Kirche erklären können, dann wären die Fronten klar gewesen. Sie taten es aber bewußt nicht, sondern nahmen den Kampf gegen die Presbyterien und gegen den Pfarrer auf.

Pfarrer Schneider ließ nichts unversucht, um mit den Lehrern ins Gespräch zu kommen. Er wollte ihnen vom Worte Gottes her den ganzen Ernst ihres Handelns vor Augen führen. Doch alle seine Bemühungen blieben erfolglos. Unter dem „Schutz der Staatspartei und in voller Übereinstimmung mit den führenden Nationalsozialisten" trieben sie ihr Unwesen.

Pfarrer Schneider führte einen harten Kampf gegen die nationalsozialistische Gemeinschaftsschule, in der das Wort Gottes und das Gebet keinen Platz mehr hatten. Nach dem Willen der braunen Machthaber sollte bereits in der Schule die Saat für den „Deutschen Glauben" gelegt werden, um später am Thingplatz und in den „deutschen Weihestunden" den „neuen artgemäßen Glauben der Herrenrasse" zu dokumentieren.

Die Presbyterien schweigen nicht

Bevor wir uns dem Geschehen in Dickenschied und Womrath wieder zuwenden, wollen wir uns mit einem Begriff vertraut machen, der eine zentrale Rolle im pfarramtlichen Verhalten von Pfarrer Schneider spielte: Kirchenzucht!

Pfarrer Schneider war nicht der einzige, der sich mit diesem Problem auseinandersetzen mußte. Auch innerhalb der Bekennenden Kirche hatte man solche Gedanken. War die Bekennende Kirche mit diesen Überlegungen überfordert? Zunächst wollen wir bei Dietrich Bonhoeffer nachlesen, was er als Zeitgenosse von Paul Schneider damals unter Kirchenzucht verstand. Dietrich Bonhoeffer schreibt:

„Gemeindezucht ist die notwendige sichtbare Folge der rechten Ausübung des Schlüsselamtes innerhalb der Gemeinde. Die neutestamentliche Gemeinde kennt hier eine lange Stufenreihe der Zuchtübung. Der Ursprung aller Zuchtübung ist die Predigt des Wortes nach beiden Schlüsseln. Diese Verkündigung ist aber nicht beschränkt auf die gottesdienstliche Versammlung. Vielmehr ist der Amtsträger, ‚der im Hause Gottes wandelt‘ (1. Tim. 3,15), nirgends von seinem Auftrag entbunden. ‚Predige das Wort, halte an, die Zeit sei günstig oder ungünstig, strafe, drohe, ermahne mit aller Geduld und Lehre‘ (2. Tim. 4,2). Der Amtsträger, der die Schlüsselgewalt übt, soll als Seelsorger im täglichen Umgang mit seiner Gemeinde die Zucht üben. Das gehört zu seinem Amt. Es ist der Beginn der Kirchenzucht ... Fällt nämlich ein Bruder in offenbare Sünde des Wortes oder der Tat, so muß die Gemeinde die Kraft haben, das eigentliche Gemeindezuchtverfahren gegen ihn einzuleiten. Dieses besteht aus drei Stücken: Die Gemeinde muß die Kraft haben, sich vom Sünder zu trennen. ‚Habt nichts mit ihm zu schaffen' (1. Kor. 5,11). ‚Weichet von ihnen' (Röm. 16,17), ‚Ihr sollt auch nicht mit ihm essen' (Abendmahl, 1. Kor. 5,11). ‚Meide solche' (2. Tim. 3,5; 1. Tim. 6,5). ‚Wir gebieten euch aber, liebe Brüder, in dem Namen unseres Jesu Christi (!), daß ihr euch entzieht von jedem Bruder, der da unordentlich wandelt und nicht nach der Satzung, die ihr von uns empfangen habt' (2. Thess. 3,6). Dieses Verhalten der Gemeinde ist dazu da, um den Sünder ‚schamrot' werden zu lassen (2. Thess. 3,14) und ihn dadurch zurückzugewinnen ... Der Sünder bleibt noch Bruder und erfährt eben darum Strafe und Vermahnung der Gemeinde. Es ist barmherzige Brüderlichkeit, die die Gemeinde Zucht üben läßt ..."[25]

Johannes Calvin hat sich zum Thema folgendermaßen geäußert: „... Es gibt nun aber Leute, denen vor lauter Haß gegen die Zucht auch schon der Name widerwärtig ist. Die sollen nun folgendes wissen: Wenn keine Gemeinschaft, ja kein Haus, in dem auch noch so wenige Hausgenossen miteinander leben, ohne Zucht im rechten Stande erhalten werden kann, so ist solche Zucht noch viel notwendiger in der Kirche, deren Zustand noch gebührenderweise so geordnet sein muß, wie nur eben möglich. Wie also die heilbringende Lehre Christi die Seele der Kirche ist, so steht die Zucht in der Kirche an der Stelle der Sehnen: Sie bewirkt, daß die Glieder des Leibes, jedes an seinem Platz, miteinander verbunden bleiben. Jeder also, der da begehrt, die Zucht solle abgeschafft werden, oder der ihre Wiederherstellung hindert, der sucht, ob er das nun absichtlich tut oder aus mangelnder Überlegung, unzweifelhaft die völlige Auflösung der Kirche."[26]

Auch Martin Luther hat sich oft mit unserer Fragestellung beschäftigt: „... Diesen äußerlichen Bann, klein und groß, hat Christus eingesetzt. Matth. 18,15ff: ‚So dein Bruder wider dich sündigt, straf ihn zwischen dir und ihm allein. Höret er dich, so wirst du deinen Bruder gewonnen haben. Höret er dich nicht, so nimm noch einen oder zween zu dir, auf daß da besteh ein jeglich Wort oder Geschäft durch zweier oder dreier Zungen Rede. Höret er sie nicht, so sag es der ganzen Gemeinde der Kirchen. Höret er die Kirchen nicht, so halt ihn als einen Heiden oder Zöllner ... wie der Bann getan sein soll. Zum ersten, daß wir nicht Rache noch unsern Nutz suchen sollen, wie jetzt allenthalben ein schändlicher Brauch ist, sondern die Besserung unseres Nächsten ... denn der Bann kann nichts anderes sein, denn eine gütige, mütterlich Geißel, auf den Leib und zeitlich Gut gerichtet, womit niemand zur Hölle gestoßen, sondern mehr herausgezogen wird und gezwungen von der Verdammnis zu seiner Seligkeit ... Aber den Tyrannen, die nicht mehr denn ihre Gewalt, Furcht, Gewinn darinnen suchen, kann er nicht ohn greulich Schaden abgehn, denn sie verkehren den Bann und sein Werk und machen aus der Arznei ein Gift ...‘"[27]

Diese Gedanken sind in die Kirchenordnung der Rheinisch-Westfälischen Kirche von 1923 in Abschnitt VI eingeflossen, waren also zur Amtszeit von Pfarrer Schneider verbindliches Kirchenrecht. Der § 51 lautet: „Es ist beschlossen, 1. daß anstößig und lasterhaft wandelnde Glieder der Gemeinde, nachdem sie durch die Seelsorge nicht haben zur Besserung gebracht werden können, die den christlichen Glauben ausdrücklich verwerfen und verspotten, als welche der christlichen Gemeinde ein Ärgernis geben, vom Presbyterium oder vom Pfarrer im Namen des Presbyteriums ernstlich und freundlich vermahnet werden sollen; 2. daß solche, die ungeachtet der erfolgten Vermahnungen einen notorisch lasterhaften und ärgerlichen Lebenswandel oder den vorher bezeichneten Ausdruck ihres entschiedenen Unglaubens fortsetzen und dadurch fortwährend das christliche Gemeingefühl sowie die Ehre der christlichen Gemeinschaft verletzen, durch das Presbyterium so lange vom Genusse des heiligen Abendmahls und dem Rechte, Taufpaten zu sein, ausgeschlossen werden sollen, bis sie das Versprechen eines zu bessernden und die Probe eines gebesserten Lebenswandels abgelegt haben. Der Rekurs an den Kreissynodalvorstand bleibt dem Ausgeschlossenen offen."[28]

Der Heidelberger Katechismus war und ist bis heute das Bekenntnisbuch der Kirchgemeinden Dickenschied und Womrath. Mit ihm ist nachweislich intensiv gearbeitet worden, so daß die Frage 85 bekannt war:

„Wie wird das Himmelreich zu- und aufgeschlossen durch die christliche Bußzucht? Also, daß nach Befehl Christi diejenigen, so unter dem christlichen Namen unchristliche Lehre oder Wandel führen, nachdem sie etlichemal brüderlich vermahnt sind von ihren Irrtümern oder Lastern nicht abstehen, der Kirche oder denen, so von der Kirche dazu verordnet sind, angezeigt und, so sie sich an derselben Vermahnung auch nicht kehren, von ihnen durch Verbietung der heiligen Sakramente aus der christlichen Gemeinde und von Gott selbst aus dem Reich Christi werden ausgeschlossen; und wiederum als Glieder Christi und der Kirche angenommen, wenn sie wahre Besserung verheißen und anzeigen."

Die Presbyterien von Dickenschied und Womrath waren aufgrund ihres reformierten Bekenntnisses und der zur Zeit gültigen Kirchenordnung gezwungen, sich mit der kirchlichen Bußzucht zu beschäftigen. Dieses wurde um so notwendiger, als zu den Beanstandungen über die beiden Lehrer noch zwei weitere Fälle hinzukamen, zu denen die Presbyterien nicht schweigen durften. Frau Schneider berichtet aus eigenem Erleben:

„Es lagen in Womrath auch noch zwei andere Fälle vor, die der christlichen Gemeinde Ärgernis gaben. Da war ein Mann, der der Kirche seit Jahren den Rücken gekehrt hatte, nun aber auch sein Kind, dem er doch bei der Taufe die christliche Unterweisung versprochen, vom Kindergottesdienst unter Drohen und Schelten fernhielt und es selbst einmal aus der Kirche herausholte. Es war nicht zu reden mit ihm, so sehr es Paul erstrebte. – Und da war ein Parteimann, ebenfalls seit langem dem kirchlichen Leben gleichgültig, der aber nun sich zum Richter des bekenntniskirchlichen Lebens machte. Mit ihm war Paul im Gespräch. Er suchte es dann immer vom christlichen Anliegen des Pfarrers aufs politische Glatteis zu bringen. Seinen Jungen meldete er vom Konfirmandenunterricht ab und schickte ihn zu einem DC-Pfarrer Thüringer Richtung.[29] Er versuchte, diesem im Dorf Einfluß zu verschaffen. In Dickenschied und Womrath beschließen die Presbyterien, diesen Männern (die beiden Lehrer mit eingeschlossen) die christliche Bußzucht zu verkündigen, da sie nicht vor dem Presbyterium ihre Sache bereinigen wollten. In Dickenschied schreckt das Presbyterium am Sonntag vor der ersten Abkündigung vor der Tragweite seines Handelns zurück, in Womrath bleiben die Presbyter einmütig auf ihrem Beschluß bestehen."[30]

Pfarrer Schneider war nach der Kirchenordnung gehalten, der Kirchengemeinde die Beschlüsse des Presbyteriums bekanntzugeben. So hielt er in Womrath vor der ersten Abkündigung der Kirchenzuchtmaßnahme folgende Ansprache.

„Liebe Gemeinde! Das Presbyterium hat sich genötigt gesehen, zum erstenmal ein in der Kirche lange vernachlässigtes Mittel, das der öffentlichen Bußzucht, in Anwendung zu bringen. Es handelt sich in drei Fällen, in denen das geschah, um öffentliches Ärgernis, das der Gemeinde Jesu Christi gegeben wurde und das leicht größeren Schaden in der Gemeinde anrichten könnte, wenn es nicht gemäß Anweisungen unseres Herrn Jesu selbst (Matth. 18,15-20) und gemäß dem Bekenntnis unserer reformierten Kirche (Heidelberger Katechismus Frage 83 ff) unter strafende Zucht der Gemeinde gestellt würde.

Die kirchliche Zucht der Gemeinde wird ausgerichtet in der Vollmacht Jesu Christi und auf seinen Befehl und seine Verheißung hin. Christus spricht: ,Was ihr binden werdet auf Erden, soll gebunden sein im Himmel, und was ihr lösen werdet auf Erden, soll los sein im Himmel.' ,Merke du aber ernstlich, daß er gewiß zusagt: Tut ihr der Schlüssel Werk, so will ich's auch tun; ja wenn ihr es tut, so soll's getan sein. Was ihr bindet und löset, das soll gebunden und los sein, ohn' mein Binden und Lösen – es sei einerlei Werk, meines oder eures, tut euer Werk, so ist meines schon geschehen. Da haben wir ... Sünde zu behalten oder zu vergeben.

Die kirchliche Zucht der Gemeinde wird ausgerichtet nicht aus Zorn oder Haß, sondern aus Liebe. Die Reformatoren haben die Kirchenzucht gepriesen als das köstliche Mittel, an einem Menschen wirklich Liebe zu üben, indem die Gemeinde ihm seine Sünden vorhält und durch den Ernst, mit dem sie das tut, ihn in besonderem Maße zur Buße treibt. Luther sagt: ,Der kirchliche Bann ist also eine liebevolle und mütterliche Geißel der Kirche, verhängt über den Leib und die leiblichen Dinge.'

Wolle man einwenden, daß durch Kirchenzucht Feindschaft geweckt und die Gemeinde uneinig gemacht und auseinandergerissen werde, so darf hier nicht große Rücksicht genommen werden auf eine falsche Einigkeit und einen falschen Frieden, die unter dem Angriff der Welt auf die Kirche und Gemeinde sowieso nicht standhalten werden. Es gibt keine wahre Einigkeit und Frieden ohne Wahrheit.

1. Das ist vielmehr Zerstörung der Gemeinde, wenn ihr ungestraft öffentliches Ärgernis gegeben wird, wenn die

Gemeinde, die christlichen Eltern und der Ort, da ihre Kinder ihre Schulunterweisung empfangen, durch die Art und Weise, in der dies geschieht, auseinandergerissen werden und eine Kluft befestigt wird zwischen Schule und christlicher Gemeinde; wenn eine andere Art, das heilige Christenfest zu feiern, eingeführt und gepriesen wird.

2. Das ist Zerstörung der Gemeinde, wenn etliche sind, die ihre Kinder vom Unterricht und vom Kindergottesdienst fernhalten. Das ist Zerstörung der Gemeinde, wenn Wort und Sakrament und die Mahnung und die Zucht der Gemeinde verachtet werden, das zu deren Leitung bestellte Presbyterium, der Pfarrer und die Ältesten der Gemeinde gar verhöhnt und gescholten werden, ohne daß hierfür der Beweis angetreten wird.

3. Das ist Zerstörung der Gemeinde, wenn man hin und her in den Häusern Gemeindeglieder verführt zur Unterschrift, daß die Predigt eines Thüringer Deutschen Christen, die selbst nach dem Gutachten des Generalsuperintendenten Zöllner vom Reichskirchenausschuß auf unbiblischem und unkirchlichem Boden steht, in die Gemeinde hineingelassen werden soll. Wahrlich, wo das alles in einer Gemeinde geschehen kann, ist es Zeit, daß sich die christliche Gemeinde auf Recht und Pflicht christlicher Bußzucht besinnt, wenn sie nicht den Vorwurf verdienen will, daß sie selber an der Zerstörung und Verweltlichung des christlichen Gemeindelebens schuld ist.

Wer sich an der Kirchenzucht ärgert, mag sich immerhin ärgern; er beweist damit, daß er nicht auf dem Bekenntnis der Väter steht und eine zuchtvolle Kirche, die aus dem Wort Gottes allein lebt und ihrem Herrn Jesus Christus allein gehorcht, ihm selbst nicht liebenswert ist. Die christliche Bußzucht sucht nicht das Verderben des Sünders, den sie aus der christlichen und kirchlichen Gemeinschaft ausschließt, sondern seine Besserung. ‚Demnach‘ – sagt Calvin – ‚wenn es auch die Kirchenzucht

100

nicht erlaubt, mit den Verbannten familiär zu verkehren oder innigen Umgang zu haben, so sollen wir dennoch bestrebt sein, sie zu besserer Frucht zu bekehren und in die Gemeinschaft und Einheit zurückzurufen.' So lehrt der Apostel 2. Thess. 3,15: ‚Haltet sie nicht für Feinde, sondern straft sie als Brüder!'

So behalten die unter christlicher Bußzucht Stehenden, wenn ihnen auch die Sakramente verboten sind und ihre kirchlichen Rechte ruhen, doch den Anspruch auf Wortverkündigung und Seelsorge in der Gemeinde.

Möge Gott die Wiedererweckung ernsthafter Kirchenzucht unserer Gemeinde und den Betroffenen zum Segen, zu der Seele Heil und Seligkeit setzen."

Bevor die Bußzucht endgültig in Kraft trat, mußten drei Abkündigungen erfolgt sein: Die Zeit zwischen den einzelnen Abkündigungen war nicht festgelegt; sie war der Entscheidung des jeweiligen Presbyteriums und des Pfarrers überlassen. Pfarrer Schneider hatte sich für eine lange Bedenkzeit zwischen den Abkündigungen ausgesprochen. Zur dritten Verlesung kam es vor der Gemeinde nicht, so daß die Bußzucht praktisch nicht verwirklicht wurde.

Pfarrer Schneider, der einen Motorradunfall erlitten hatte, wurde am 28. Mai 1937 von seinem Gipsverband befreit und am 31. Mai 1937 in seinem Studierzimmer von der Geheimen Staatspolizei verhaftet und in das ehemalige Reichsbankgebäude in Koblenz eingeliefert, das die damaligen Machthaber als Gestapo-Gefängnis eingerichtet hatten. Kurz zuvor hatte er noch in Freiheit die Geburt seines sechsten Kindes miterleben dürfen.

In den Gemeinden war wegen der Verhaftung erhebliche Unruhe entstanden. Vier Gemeindeglieder begaben sich zur Geheimen Staatspolizei, um zu erfahren, warum ihr Pfarrer verhaftet sei. Ihnen wurde folgendes gesagt:

1. Pfarrer Schneider wiegle den Hunsrück gegen den Staat auf.

2. Den Grund der Verhaftung könnten sie in der Zeitung lesen.

3. Da sie, die Gemeindeglieder, keiner nationalsozialistischen Organisation angehörten, kämen sie für Aussagen nicht in Frage.

In der Tageszeitung war zu lesen: „In Schutzhaft genommen. Pfarrer Schneider aus Dickenschied wurde durch die Geheime Staatspolizei in Schutzhaft genommen, weil er in unverantwortlicher Weise von der Kanzel herab gegen einen Bauern zum Boykott aufgefordert hat."

Es dauerte einige Wochen, bis Pfarrer Schneider selbst den Grund seiner Inschutzhaftnahme erfuhr. Er war gerade verhört worden, weil er durch ein Fenster hindurch mit einem Mithäftling Glaubensgespräche geführt hatte. Anschließend wurde eine Post- und Nachrichtensperre über ihn verhängt. Am Schluß dieser „Verhandlung" fragte Pfarrer Schneider nach dem Grund seiner Verhaftung. „Wegen Ihrer Kirchenzuchtmaßnahme sind Sie hier", lautete die Antwort. Darüber wurde er innerlich froh, und ihm war leicht ums Herz.

Aus dem Gefängnis schrieb er an seine Familie:

„… Nun bitte ich Dich und Euch alle auch recht herzlich, Euch keine unnötigen Gedanken und Sorgen zu machen. Gott will's machen, daß die Sachen gehen, wie es heilsam ist. Bitte setzt auch nicht Himmel und Hölle in Bewegung, dadurch den Amtsstellen das Leben schwer machend! Wir wollen jetzt unsern christlichen Gehorsam gegen die Obrigkeit mit willigem Leiden bewähren und uns vor irgendwelcher Bitterkeit zu bewahren suchen. Wir wollen uns rüsten lassen mit Geduld; es könnte ja auch unsere Trennung einmal länger dauern."

Frau Pfarrer Schneider gab dem rheinischen Bruderrat folgenden Bericht:

„Am Montag, dem 31. Mai 1937, kamen nachmittags um 4.30 Uhr zwei Beamte der Gestapo und forderten meinen Mann auf, unverzüglich mit ihnen zu einer Vernehmung nach Koblenz zu fahren. Auf seine Frage, ob er sich denn für einen längeren Aufenthalt dort einrichten soll, gaben die Beamten nur eine ausweichende Antwort: ‚Es handelt sich nur um eine Vernehmung' und trieben zur Eile. So fuhr mein Mann ohne Gepäck. Wir zu Hause blieben ohne Nachricht. Im Dorf war größte Bestürzung, da niemand über die Gründe eine Ahnung hatte und die Leute gerade froh waren, daß ihr Pfarrer nun nach zehnwöchiger Dienstunfähigkeit sein Amt wieder voll versehen wolle. Anderen Tages berichtete ich den Vorfall einigen Pfarrern und erfuhr dann durch den Superintendenten Gillmann, daß mein Mann in Schutzhaft wäre ... Unsere Gemeinden wurden schon schriftlich in Koblenz vorstellig, und heute waren vier Bauern dort, wurden aber von der Gestapo ziemlich ungnädig behandelt.

Dem Gefängnispfarrer, Pfr. i.R. R. Appel in Arenberg bei Koblenz, Adolf Hitler-Str. 90, ist es auch noch nicht erlaubt worden, meinen Mann zu besuchen. Da Herr Pfr. Appel zur Bekennenden Kirche gehört, kann der Rat leicht weitere Auskunft von ihm erbitten ...

Die hiesigen Leute sagen, Herr Ernst Scherer sei mit unserm Lehrer Kunz in Kirchberg in einer Wirtschaft gesehen worden, ein Schriftstück verfassend. Lehrer Kunz kommt übrigens am 15. Juni 1937 von hier auf den Westerwald und hat schon länger geäußert, ehe er fortkäme, ‚spiele er Dickenschied noch einen Streich' und ‚der Pfarrer käme vor ihm fort'."

Dieser Bericht gelangte in die Hände der Geheimen Staatspolizei, und Frau Pfarrer Schneider bekam ebenfalls Postsperre.

Pfarrer Schneider war kein Kirchenpolitiker, oder besser gesagt kein „Kirchentaktiker", sondern einer, der Gott in allem gehorsam sein wollte. Deshalb mußte er zwangsläufig mit einem Staat in Konflikt kommen, für den Jesus Christus als Sünderheiland nicht existierte. Wer Gott in Frage stellt, wer ihn als Autorität nicht anerkennt, wird – wenn er Macht hat – selbst die Maßstäbe des Handelns bestimmen. Dann aber ist der Gesetzlosigkeit Tor und Tür geöffnet.

Welcher Geist den Nationalsozialismus beherrschte, entnehmen wir einer Begebenheit, die sich zur gleichen Zeit in Bayern zutrug. Pfarrer Steinhauer berichtet:

„... die Landesleiterin des Bundes deutscher Mädchen (BdM) habe alle höheren BdM-Führerinnen ins Hochlandlager gerufen und dort etwa folgendes erklärt: ‚Es ist notwendig, daß ich in einem Führerinnenkorps absolute Klarheit habe. Christentum und Nationalsozialismus verhalten sich wie Feuer und Wasser und sind unvereinbar. Wir verwerfen nicht nur den politischen Katholizismus, sondern auch den evangelischen Glauben und jede Form von Christentum. Deshalb muß ich von jedem eine klare Entscheidung verlangen. Freilich dürft ihr davon öffentlich unter keinen Umständen etwas sagen. Das gibt sonst zuviel Unruhe unter den Alten. Die muß man in Ruhe lassen, bis sie sterben. Die Jugend muß klar vom Christentum wegerzogen werden. Darum frage ich euch: Wofür entscheidet ihr euch, für den Nationalsozialismus oder fürs Christentum? Wer sich fürs Christentum entscheidet, ist eine Verräterin. Drei von den Anwesenden bekannten sich als Christen und wurden mit Schimpf und Schande zum Lager hinausgestoßen.'"[31]

Die Nationalsozialisten fürchteten nichts mehr als die Wahrheit. Wer öffentlich sagte, was die Nationalsozialisten im geheimen planten, mußte mit seiner Verhaftung rechnen. Pfarrer Steinhauer kam ins Gefängnis und später ins Konzentrationslager.

Erinnern wir uns in diesem Zusammenhang an die folgenschwere Predigt, die Pfarrer Schneider in Hochelheim hielt:

> „... Aber wir können unsere Augen nicht verschließen vor den hoch sich türmenden Wellen, die wir heranrollen sehen aus diesem unserem Volksleben auch im Dritten Reich. Was sich in der ‚Deutschen Glaubensbewegung‘ unter Führung einflußreicher nationalsozialistischer Männer zusammentut, unter ihnen auch Rosenberg, der Schriftleiter des ‚Völkischen Beobachters‘, ist nacktes Heidentum, mit dem es vom Standpunkt des christlichen Glaubens keine Verständigung geben kann ... Wir sagen es auch ganz offen, daß wir uns als evangelische Christen nicht mit allen Äußerungen und Reden mancher führender Männer des neuen Deutschland einverstanden erklären können.“

Die braunen Machthaber schlugen verschiedene Wege ein, auf denen sie ihr Ziel erreichen wollten:

1. Die in der christlichen Tradition lebenden Alten werden aussterben.
2. Schule und Hitlerjugend als verantwortliche Erziehungsfaktoren, vermitteln die ‚artgebundene‘ nationalsozialistische Weltanschauung.
3. Wenn Christen sich zu weit in der Auseinandersetzung vorwagen, müssen sie mundtot gemacht werden.
4. Ein beliebtes Mittel den christlichen und den ‚artgemäßen‘ Glauben einander gegenüberzustellen war es, das Christentum lächerlich zu machen.

Weil für die Nationalsozialisten der biblische Gott nicht existierte und sie nur einen Gott im eigenen Blut anerkannten, war eine Verständigung mit ihnen nicht möglich. Erschwerend kam hinzu, daß sie sich als Herren über Leben und Tod fühlten und jegliche Autorität – außer der eigenen – ablehnten.

Daß Kirchenzucht ein Akt brüderlicher Liebe sein sollte, war für sie geradezu lächerlich. Interessant ist, daß sie, indem sie die Autorität der Kirche bekämpften, sie dennoch anerkennen mußten. Deshalb wurde ein Pfarrer, der der braunen Obrigkeit nachhaltig kirchliche Autorität präsentierte, unvermeidlich zu ihrem Gegner.

Erinnern wir uns noch einmal an jene Predigt von Pfarrer Schneider in Hochelheim:

„Was aber ist es, was du allein tun muß, um Jesu Herrlichkeit im Sturm um die Kirche, im Sturm um dein Christenleben zu erleben? Glauben sollst du, vertrauen und dich verlassen auf die Wundermacht des Herrn, an den du glauben willst. Oder aber du glaubst nicht, dann aber sage auch nicht, daß du ein Christ bist, dann bist du nur ein Namen-, ein Kopf- oder Heuchelchrist. ‚Der Glaube ist das Stehfest des Herzens‘, sagt Luther. ‚Wer nicht aus Glauben heraus leben und seinen Herrn bekennen will, der wird untergehn, seine Seele verlieren, ob er auch die ganze Welt gewönne, wird er mit der glaubenslosen Welt verdammt werden. Ich will mich lieber zu Tode glauben‘, als mit der Welt das feige, feine Leben dieser Erde haben. Denn das ist ja nicht gesagt, daß Gott uns unter allen Umständen hier das arme Erdenleben fristen und keinen Schaden an Geld, Gut, Ehre, Leib und Leben, Weib und Kind zustoßen lasse."

Pfarrer Schneider inmitten der Brandung auf einsamem Posten. Obwohl im Gefängnis, d.h. im staatlichen Gewahrsam, hinderte es ihn keinen Augenblick, den Staat auf seine Pflichten hinzuweisen, die er als Obrigkeit sei-

106

nen Bürgern gegenüber hatte. Es verging Woche um Woche. Pfarrer Schneider erbat einen ordentlichen Prozeß, damit endlich einmal die Gründe seiner Inhaftierung offen genannt und zum Gegenstand einer Untersuchung gemacht werden konnten. Die Gestapo unternahm nichts dergleichen. Pfarrer Schneider nutzte die Zeit in seiner Zelle zur Meditation.

„So kann ich geistliche Schätze sammeln für neuen Dienst und ist die Zeit auch für mich nicht vergebens. Ich hoffe, es ist auch für die Gemeinden nicht vergebens; daß doch viele möchten ihre geistliche Trägheit und Verantwortungsscheu überwinden! Daß Gott uns allen auch einen Geist der Buße schenken wolle und den Willen zu einem zuchtvollen Gemeindeleben mitten in dem abgöttischen Geschlecht unserer Tage! Wie vieles habe ich noch versäumt und hätte besser vorbereitet sein müssen für den nun eingetretenen und doch so lange vorausgeahnten Fall! ... Wir sind im ‚Gefängnis‘ gewöhnlich sechs bis sieben der verschiedensten Sorte, von meiner Fakultät bin ich der einzige ... Heute ist schon der sechste Sonntag meiner Haft ohne die Möglichkeit, an einem Gottesdienst teilzunehmen, und doch nicht ohne Gottesdienst. Es ist merkwürdig, daß die Seele hier noch viel hungriger ist und Gottes Wort noch viel tiefer eindringt, wo fast jede andere Möglichkeit der Unterhaltung fehlt. Ein lieber Mitgefangener (SS-Mann) gab mir von seinen Blumen, die ihm seine Braut gesandt, die Hälfte ab; aus Pappe habe ich mir ein Kreuz gefertigt und mir heute Zellentisch und Zelle sonntäglich herausgeputzt, ein reines Taschentuch als Tischtuch. So habe ich mir heute morgen selber Gottesdienst gehalten und war mit der gläubigen Gemeinde verbunden. Deine Karte mit der Aufforderung zur Freude habe ich mir zum Sonntag unter die Blumen gestellt ... Die Zuflucht unter dem Schatten der Flügel Gottes nimmt kein Ende. ... Laß uns nur in unserem ,Leiden' Gottes Liebe sehen! ... Es ist die väterliche Liebeszucht, der wir uns nicht verweigern dürfen. Wenn manche oder viele Brüder meinen, das Leiden vermeiden zu können, weil sie es vermeiden wollen – obwohl es doch jedem Sehenden seit langem unvermeidlich vor Augen steht –, so können sie das vielleicht haben, aber die Glücklichen und Gesegneten sind sie dabei nicht. Und zu denen, die getrost dem Feind entgegengehen, können sie auch nicht gehören, höchstens zu denen, die Schrittchen für Schrittchen zurückweichen; und wir sind doch wahrlich genug zurückgewichen. Deshalb, lieber Schatz, nicht bitter werden, nicht gegen die Brüder und nicht gegen die Feinde der Kirche! Unser ,Leiden' ist ja ein Vorzug, und alsobald ist es ja kein Leiden mehr, sondern: ,Freuet euch, wenn ihr mit Christo leidet!' Nur darum wollen wir ringen, daß unser Leiden ein Gott wohlgefälliges Opfer sei, in Christi Liebe und Geist gebracht, damit wir und die Gemeinden und die Kirche Segen davon haben."

Pfarrer Schneider war zum Beter geworden. Er betete daheim und sicher auch in der Zelle immer kniend. An den Rand seiner Bibel, die er bis zum Abtransport in das Konzentrationslager bei sich trug, hatte er geschrieben:

„Die Beter sind die Wacht der Kirche. Aus dem Gebet für die Gemeinde erwächst die Zuversicht für die Gemeinde." Alles Papier, auch Einwickelpapier, wurde von ihm zum Schreiben benutzt. Er fertigte Listen mit auswendig gelernten Bibelstellen und Liedern an, denn was der Glaubende sich angeeignet hat, kann keine Macht dieser Welt ihm nehmen. In Buchenwald durfte er keine Bibel mehr sein eigen nennen: Hier in der Zelle hat er das Wort aufgesogen, in Buchenwald war es ihm dann auch ohne Bibel innerer Besitz.

Ebenso verfaßte er in der Zelle Gebetslisten, die ihm eine Hilfe sein sollten. „Täglich, Abend- und Morgensegen (Luther), Vaterunser, Fürbitte für die nächsten Verwandten und Hausgenossen. Fürbitte für Kirche, Volk und Obrigkeit."

Jeder Tag hatte seine besonderen Anliegen, die er vor den Herrn brachte. Was für ihn und die Kirche wichtig war, legte er vor Gottes Thron. Wer diesen Gebetsplan liest, weiß, daß der Pfarrer von Dickenschied und Womrath ein Beter war, wie sie die Kirche, die Christenheit so nötig hat.

Am 24. Juli 1937 wurde Pfarrer Schneider aus der Schutzhaft entlassen und zugleich aus dem Rheinland ausgewiesen. Er legte gegen die unrechtmäßige Haft und Ausweisung Verwahrung ein. Den Beamten ließ es kalt, denn er handelte nach Anweisung. Pfarrer Schneider wurde mit einem Auto nach Wiesbaden gebracht, das zu Hessen-Nassau gehörte, und dort auf freien Fuß gesetzt. Er begab sich sofort zum Bahnhof, nachdem er zuvor den Ausweisungsbefehl in einen Abfallkasten geworfen hatte, und fuhr nach Kirn. Am späten Sonntagabend (24. Juli 1937) ließ er sich zu einem treuen Presbyter nach Womrath fahren und verständigte am nächsten Morgen seine Frau, die sofort von Dickenschied herüberkam. Die heute hochbetagte Frau des schon heimgegangenen Presbyters berichtet: „Er war so ruhig, hat berichtet, mit uns das Wort gelesen und gebetet."

Pfarrer Schneider beschloß: Heim nach Dickenschied! Seiner Frau wurde das Herz schwer. Auf dem Wege trafen sie ihren treuen Freund, Pfarrer Langensiepen, der auch auf der schwarzen Liste der Gestapo stand und nun eigens gekommen war, um Pfarrer Schneider und Frau zu einem Erholungsurlaub zu bewegen. Pfarrer Schneider stimmte zu. Bei den Pfarrersleuten Ippach, von der Stadtmission Baden-Baden, fand der aus seiner Heimat ausgewiesene

Pfarrer Erholung. Der Aufenthalt war illegal, da er sich nicht vorschriftsmäßig bei der Polizei meldete: Er wollte nicht dem Unrecht den Schein des Rechtes geben! Für die Pfarrersleute Ippach war es eine brüderliche Tat, die für sie nicht ungefährlich war. Sofort nach seiner Ankunft in Baden-Baden schrieb Pfarrer Schneider seiner Frau:

„Baden-Baden, den 27. Juli 1937

Lieber Schatz!

Nun bekommst Du nach langer Zeit wieder den ersten mit Tinte geschriebenen Brief. Über unsere Reise und Einführung hier wird Dir Fritz wohl das Nötigste gesagt haben. Nun betet nur auch, daß Gott auch diese unsere Wege, auch wenn sie nicht so ganz von Gott geführt sein sollten, segne und für die Haltung der Gemeinde zu keinem Schaden geraten lassen wolle! Darüber bleibt uns aber auch die Dankespflicht für Gottes gnädige Führung durch die vergangenen Wochen und aus dem Gefängnis in Haus, Familie und Amt hinein. Wir dürfen uns nur für uns schämen, daß wir Gott nicht noch viel mehr glauben und vertrauen. ER tut immer über unser Bitten und Glauben, und dennoch muß sich Gott auch richten nach unserm Glauben. Deshalb, mein liebes Weib, bitte hilf mir glauben und beten, und daß wir uns daran halten: Fürchte dich nicht, glaube nur! Das Haus ist angenehm, Du wirst Dich mit mir hier sehr wohl fühlen, und Baden-Baden und Umgebung ist sehr schön. Ich sehe nun unseren Weg so... Wir dehnen unseren Urlaub nicht über vier Wochen aus, das heißt, weil ich gestern Dir und Fritz so brav gefolgt bin, werde ich am 22.8. wieder Dienst tun. So herunter, wie es gestern und vorgestern nach den letzten Nächten mit wenig Schlaf und bei den Wegen der Flucht und Entführung den Anschein hatte, bin ich gar nicht und fühle mich nach dem Schlaf der letzten Nacht wieder ganz

Brief Paul Schneiders an seine Frau aus dem KZ Buchenwald (1939).

frisch und wohl... Gestern abend vor dem Einschlafen las ich noch die Briefe, die Du während meiner Haft bekamst. Wir müssen ja ganz beschämt sein um der vielen Anteilnahme und Treue, um der vielen Gebete und um der Sorge willen, die man an uns verschwendet hat und die ich mir in Koblenz in keiner Weise vorgestellt hatte. Wir sind sie in keiner Weise wert, schon weil wir gar nicht in gleicher Weise treu im Gebet, Fürbitte und Sorge für die anderen sind. Auch das muß uns zur Buße rufen und uns nur ein etwas freundlicheres Gericht Gottes sein als die Gefängniswochen. Weißt du nicht, daß dich Gottes Güte zur Buße leitet?

Für die Zukunft wollen wir – ich bitte es mir jetzt schon aus – ohne Sorgen und ohne Ausweichpläne sein, gelt? ... Wenn Gott aus unserem Unglauben, Kleinglauben und Schwanken noch Gutes kommen läßt, so rechtfertigt das uns nicht, sondern geschieht nur zum Preis der unverdienten Barmherzigkeit Gottes, aus dessen sündenvergebende Gnade wir leben.

Im übrigen bist Du ja mein liebstes, tapferes, kluges, manchmal zu kluges Weib, auf das ich noch stolz bin, das die Last der vergangenen Wochen noch mehr getragen als ich und für mich getragen hat, dem ich sein Sorgen und Dreinreden darum auch ein wenig zugute halten will."

Über diesem Urlaub in Baden-Baden stand als belastendes Moment die Ausweisung aus dem Rheinland. Als Seelsorger wußte sich Pfarrer Schneider seinen Gemeinden Dickenschied und Womrath verpflichtet, dennoch durfte er auf den Rat der Brüder nicht verzichten. So kam der stellvertretende Präses des rheinischen Bruderrates, Pfarrer Schlingensiepen, nach Baden-Baden. Über den Verlauf der Unterredung berichtete als Augen- und Ohrenzeuge Frau Ippach:

112

„... Wir erinnern uns beide ... die Aussprache mit Herrn Pfarrer Schlingensiepen in meines Mannes Studierstube ... An das Gespräch damals haben wir nur einige Punkte im Gedächtnis, welche gewiß nichts Neues bringen. Ich will es aber kurz so aufschreiben, wie mein Mann und ich es in Erinnerung haben.

Pfarrer Schlingensiepen fragte, als Vertreter des Präses, Ihren lieben Gatten: ‚Ist es Ihre Absicht, nach diesem Erholungsurlaub in Ihre Gemeinde zurückzukehren, obwohl von seiten der Gestapo das Kanzelverbot für Sie ausgesprochen ist?‘

Da antwortete Ihr Mann: ‚Ich bin meiner Gemeinde verpflichtet und nehme keinen Befehl in kirchlichen Dingen von der Gestapo entgegen.‘ Da sagte Schlingensiepen: ‚Und wenn nun wir als Bruderrat Ihnen dringend davon abraten, wieder auf Ihre Kanzel zurückzukehren, was würden Sie dann tun?‘ Antwort: ‚Dazu möchte ich heute keine Stellung nehmen, ich werde nach meinem Gewissen handeln‘, und er ließ durchblicken, daß er entschlossen sei, in seine Gemeinde zu gehen. Dann sagte Schlingensiepen zu Ihnen: ‚Wie denken Sie darüber – sind Sie sich ganz bewußt, welche gefährlichen Folgen die Rückkehr Ihres Mannes in seine Gemeinde für ihn haben kann?‘ – Antwort: ‚Ich kann meinen Mann nicht zurückhalten, wenn er es als seine Berufung ansieht, wieder auf seine Kanzel zu gehen; Gefahren drohen überall.‘“ Es war sicherlich eine ernste Unterredung, deren Konsequenz erst viel später deutlich wurde.

Es ist heute müßig zu fragen, wie die Entscheidung von Pfarrer Schneider ausgefallen wäre, wenn der Bruderrat, den er ja als seine rechtmäßige Kirchenleitung ansah, ihm die Anweisung gegeben hätte, die Ausweisung anzunehmen. Die entscheidende Frage ist heute vielmehr: Warum sind die damaligen staatlichen Stellen nicht von der Bekennenden Kirche immer wieder mit Nachdruck auf die

113

Tatsache hingewiesen worden, daß Pfarrer Schneider und die Presbyterien von Dickenschied und Womrath nach geltendem kirchlichen Recht handelten?

Während der Urlaubstage in Baden-Baden bekam Pfarrer Schneider aus Eschbach im Taunus eine Anfrage seines Schul- und Studienfreundes, Pfarrer Emil Weber, ob er ihn für einige Urlaubswochen vertreten könne. Am 21. August 1937 willigte Pfarrer Schneider ein und teilte dem Freund mit: „... Dennoch kommt mir Dein Angebot sehr gelegen. Erstens bat mich Bruder Schlingensiepen, noch eine Zusammenkunft aller in meiner Lage Befindlichen abzuwarten, die erst im September sein kann, und zweitens steht erst ab 1. Oktober für alle Fälle ein Vikar für Dickenschied zur Verfügung, so daß dann das Gemeindeleben nicht mehr in Unruhe gestürzt wird, gegebenenfalls dann sofort seine stetige volle Pflege finden kann ..."

In einem anderen Brief schrieb er an Freunde: „Habt Ihr die bekennende Gemeinde gesammelt, die Arche Noah zugerüstet? Gott helfe uns allen zur letzten Entschlossenheit und Leidensbereitschaft, die seinen Streitern unter Jesu Fahne not ist!" Pfarrer Schneider übernahm die Vertretung in der Erwartung, daß die angekündigte Konferenz der Ausgewiesenen bald zustande käme.

Von Eschbach aus schrieb er seiner Frau, die wieder bei den Kindern in Dickenschied weilte: „Aus dem gestrigen Telefongespräch entnehme ich, daß Du nicht ganz froh bist und Dir Sorgen machst. Offenbar steht es in der Gemeinde auch nicht ganz gut. Aber, liebes Weib, auch da gilt es, nicht zu sehen auf das Sichtbare und das, was vor Augen ist, sonst hätten wir das Glauben nicht mehr nötig ... Wir Eltern sollten gehorsamer, gläubiger, zuchtvoller auf Gottes Wegen wandeln. Wir sind es unsern Kindern schuldig und unserem Gott, der uns so viel Ursache gegeben hat, aus Dank und Liebe ihm zu dienen."

Die pfarramtliche Versorgung der evangelischen Kirchengemeinden Dickenschied und Womrath wurde nur von Fall zu Fall geregelt. In den Gemeinden herrschte darüber Unverständnis. Das Presbyterium von Womrath schrieb auch im Auftrag des Presbyteriums Dickenschied an Pfarrer Schneider nach Eschbach.

„Womrath, den 19. September 1937

Lieber Herr Pfarrer Schneider!
Da Sie bereits seit dem 31. Mai d.J. durch die Geheime Staatspolizei in Koblenz von uns gerissen wurden und Ihnen keinerlei Vergehen nachgewiesen werden konnte, womit man Sie bestraft hätte, erkennen wir darin nur eine verleumderische Anzeige, welche eigentlich von Rechts wegen strafbar gewesen wäre. Da Sie nun längere Zeit aus der Verhaftung entlassen und Ihre Ausweisung noch nicht zurückgezogen ist, können wir als Presbyter der hiesigen Gemeinde den jetzigen Zustand nicht länger über uns ergehen lassen, weil die Konfirmanden keinen Religionsunterricht seit Ihrer Abwesenheit erhielten. Die Christenlehre für die angehende Jugend wurde unterlassen. Es fehlt die Seelsorge an den Kranken in beiden Gemeinden. Die heilige Abendmahlsfeier ist bereits zweimal übergangen worden. Alle recht stehenden Gemeindeglieder wünschen dringend Ihre baldige Rückkehr, damit Sie wieder in Gottes Namen Ihres Amtes walten können.
Das Presbyterium verlangt daher Ihre baldige Rückkehr und bittet Sie höflichst, die dringende Bitte, wenn irgend möglich, an eine höhere Staatsgewalt (Obrigkeit) weiterzugeben; denn wir können die Verantwortung in der Gemeinde durch Ihre Abwesenheit nicht länger übernehmen.

Das Presbyterium der Gemeinde Womrath
(gez.) Fuchs, Scherer, Auler."

Inzwischen hatte Pfarrer Schneider auch ein Schreiben vom Rheinischen Bruderrat erhalten, das Pfarrer Schlingensiepen unterschrieben hatte:

„4.9.1937

Lieber Bruder Schneider!
Durch die neuerliche Behinderung der Vorläufigen Leitung wird wohl zunächst aus der Zusammenkunft nichts werden. Ich habe mich fast täglich darum bemüht, bekomme aber keine Antwort. Nun kann ich Sie nicht noch länger auf Nachricht warten lassen, zumal ich nicht weiß, ob Sie die Freiheit haben, auf unbestimmte Zeit zu warten. Wir befehlen Sie Gott und seiner Gnade!
Mir war es eine große Freude, bei Ihnen und Ihrer lieben Frau sein zu dürfen.

Im treuen Gedenken
(gez.) Ihr Schlingensiepen"

Ein weiteres Schreiben der Evangelischen Bekenntnissynode im Rheinland enthält den folgenden schweren Abschnitt: „Es ist uns klar, daß wir zu Ihrer Entscheidung nicht nein sagen können. Ebenso klar ist uns aber auch, daß es sich bei dem Ja Ihrer Entscheidung nicht um das Befolgen einer kirchenregimentlichen Anweisung handeln kann, sondern nur um die Gewißheit des Gehorsams gegenüber dem Befehl des Herrn selbst. Darum kann hier weder befohlen noch etwas verboten werden."

Pfarrer Schneider stand allein! Diese Mitteilung gab Fragen über Fragen auf. Daß das damalige Konsistorium mit den Nationalsozialisten paktierte, war bekannt; von ihm war also keine Hilfe zu erwarten. Die Presbyter von Dickenschied und Womrath standen zu ihren Beschlüssen und bekannten dies mit bewundernswertem Freimut den staatlichen Stellen gegenüber. Und die Bekennende Kirche?

Pfarrer Schneider gab einen ausführlichen Bericht an die Reichskanzlei in Berlin, in dem er das geschehene Unrecht klar darlegte. Eine Abschrift ging an das Innenministerium in Berlin und an den Regierungspräsidenten in Koblenz. Es ist ein seltenes Dokument von ungeheurem Glaubensmut.[32]

Am Erntedankfest 1937 stand Pfarrer Schneider wieder auf seiner Kanzel in Dickenschied. Zwei Tage zuvor hatte er, als er gefragt wurde: „Ist es nötig, sich so in Gefahr zu begeben?", den Abschnitt vom guten Hirten gelesen (Joh. 10,1-16).

Seine Predigt, die seine letzte sein sollte, schloß er mit dem Gesangbuchvers:

„Ich sing' in Ewigkeit von des Erbarmers Huld.
Er liebet treu sein Volk,
vergibt und hat Geduld.
Mein Mund soll seine Treu'
und Wahrheit laut verkünden,
daß auch die Enkel Gott,
wie wir ihn fanden, finden.
Ja, seine Gnade steigt,
sich ewig zu erhöhen,
und seine Wahrheit bleibt
im Himmel feste stehen.[33]

In der Gemeinde herrschte damals Freude, daß nun ihr Pfarrer wieder da war. Aber das Unwetter sollte bereits in den nächsten Stunden hereinbrechen. Als Pfarrer Schneider mit seiner Frau und den Womrather Presbytern am Abend zum Gottesdienst nach Womrath fuhr, standen vor dem Dorf am Waldesrand die Häscher der Gestapo. Das Schauspiel der Verhaftung vollzog sich sehr schnell. Seine Frau steckte ihm noch schnell das Gesangbuch und die Bibel zu. Am nächsten Morgen besuchte sie ihn im

Gewahrsam in Kirchberg; dort sang er laut „Ein feste Burg ist unser Gott!" Er rief ihr zu: „Sag's den Gemeinden: Ich bin und bleibe der Pfarrer von Dickenschied und Womrath!" Bald darauf wurde er in das Polizeigefängnis nach Koblenz überführt. Er wußte, daß er im „heiligen Kriegsdienst der Kirche Jesu Christi steht". Er wußte aber auch, daß die Überführung in ein Konzentrationslager möglich war. Er schrieb:

„Er (Kommissar Oswald) forderte mich noch einmal auf zu unterschreiben, daß ich meine Anweisung annehmen und nicht mehr in das Rheinland zurückkehren wolle. Ich weigerte mich natürlich mit der Berufung auf die Bindung des Hirten an seine Gemeinde. Darauf sagte er: ‚Sie ziehen also ein Konzentrationslager vor?' Ich sagte: ‚Ich ziehe es nicht vor; aber wenn ich es erdulden soll, muß ich das auch erdulden.' Ich halte allerdings jetzt, obwohl ich mir dessen nicht bewußt war, die zurückgewiesene Ausweisung, die ohne Rechtsgrund vom Staat angeordnet und nun offenbar mit Lager durchgefochten werden soll, für außerordentlich wichtig für das Verhältnis von Staat und Kirche und die um des Evangeliums willen zu behauptende innere und äußere Freiheit der Kirche. Ich begreife eigentlich immer weniger, wie man sich das bisher so unter bloßem Protest mit Worten hat gefallen lassen, wo wir sogar noch als Körperschaft öffentlichen Rechts fungieren. Hoffentlich sieht die Kirchenleitung, die bisher in meiner Sache nicht reden wollte, die Wichtigkeit der Sache ein und findet noch die Sprache dazu. Oder sollte ich als kleines Pastörlein auf dem Hunsrück allein dem Staate bezeugen müssen, was recht ist? Es ist dann fast dem Staate zu viel zugemutet, das als kirchliche Entscheidung ernst zu nehmen. Warum hat man nun schon ein Vierteljahr lang seit meiner zurückgewiesenen Auswei-

118

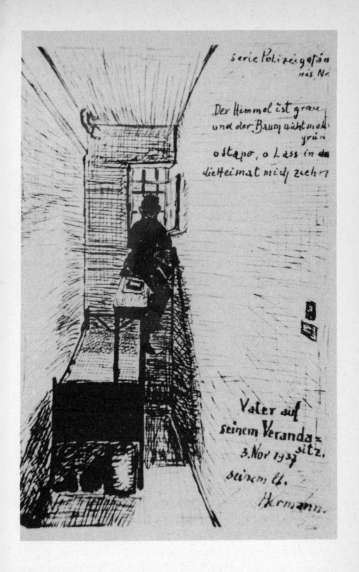

Zeichnung Paul Schneiders aus dem Polizeigefängnis Koblenz.

sung von der Leitung dazu geschwiegen? Ich hatte es ...
deutlich geschrieben, daß ich es für recht hielte, wenn
die Leitung meine von mir für mich entschiedene
Rückkehr zu ihrer Sache mache. Mir scheint es so, daß
nicht bei der Kirche und ihrer Leitung, sondern bei den
einzelnen Gemeinden die Entscheidung für die kom-
mende Kirche in Deutschland fällt. Darum verrechnen
sich auch alle klugen Kirchenpolitiker, die nicht an ihrem Platz in der Gemeinde kämpfen und einstehen."

Dieser von der Gestapo nicht kontrollierte Brief stellt uns
wiederum vor jene Frage: Wo war die Leitung der Bekennenden Kirche? Sie war für Pfarrer Schneider die rechtmäßige Kirchenleitung!
Am 24. November 1937 schrieb Pfarrer Schneider in einem ebenfalls von der Gestapo nicht kontrollierten Brief:

„Nun sind, wie es scheint, die Würfel gefallen. Lager;
ob es nun ein Konzentrationslager oder Schutzhaftlager
heißt, ist wohl einerlei. Wir sollen menschliche Behandlung und Verbindung mit den Angehörigen behalten ... Macht die Gemeinden möglichst selbständig –
ein Grund für die plötzliche Wendung ins Lager ist mir
nicht bekannt. Ich vermute, daß Entscheidungen allge-
meiner Art höheren Orts hier mitsprechen. Was soll ich
Dir nun noch raten? Das ist von außen her so leicht und
billig.
Ich sehe voraus, daß die Nötigung zum offenen Ge-
ständnis und freien Bekenntnis nun an jeden aufrichti-
gen Christen kommt ... Seid getrost und treu und
fürchtet euch nicht! Ich behalte Euch fest in meinem
Herzen. In Gott sind wir ungeschieden ... Neue Leiden
sollen uns neue Erfahrungen unseres Glaubens und
neue Herrlichkeiten bringen. Christus spricht: ‚Ich bin
bei euch alle Tage...'"

Was nun weiter in Koblenz sich ereignete, entnehmen wir dem Buch: „Der Prediger von Buchenwald", in dem seine Frau die letzten Begegnungen schildert:

„Als ich schon im Begriff zur Abfahrt nach Koblenz bin, kommt die amtliche telefonische Erlaubnis, meinen Mann noch einmal sprechen zu dürfen. Daraufhin haben mir die Wachtmeister dann sogar dreimal Sprecherlaubnis gewährt. – Dank ihnen! Das erstemal waren unsere beiden Ältesten dabei (zehn und acht Jahre) ... Am anderen Morgen sind Paul und ich wieder beieinander. Er hat tags zuvor seine Gefängnispost von Juni und Juli 1937 von der Stapo ausgeliefert bekommen. Diese Briefe waren sein Trost in der Nacht. Ich selbst konnte mich nur noch an das Wort halten: ‚Wen Gott liebhat, den züchtigt er, und er stäupt einen jeglichen Sohn, den er annimmt.' Wir sagen uns diese Gedanken. Da es Freitag vor dem ersten Advent ist, habe ich ein Adventskränzlein bei mir. Er nimmt es nachher in seine Zelle und liest in seinem Licht die Adventslieder. Paul weiß, daß er heute noch frei ist, wenn er sich verpflichtet, dem Ausweisungsbefehl Folge zu leisten. Das Herz ist uns ganz schwer. Ich streichle Paul leise: ‚Wie hab ich Dich so lieb' – da erschüttert ihn tiefes Weinen. Wir reden nichts mehr. – Der Aufsichtsbeamte fordert uns dazu auf, indem er auf seine Verschwiegenheit hinweist. Ich habe die Losung des Tages aufgeschlagen: ‚Es hat überwunden der Löwe aus Juda.' – Stammelnd beten wir das Vaterunser miteinander. Ein schmerzdurchwühlter Mann wird abgeführt. – Das darf nicht das Letzte sein. Das sieht auch der Wachtmeister ein. Und so bekomme ich in der letzten Stunde vor dem Abtransport noch einmal Einlaß. Wir haben uns gefaßt. ‚Wir dürfen nicht weich werden', sagt Paul. Verse der Adventslieder, die ihn eben oben in der Zelle

trösteten, strömen von seinen Lippen ... Als letzter
schaut Paul noch einmal aus dem Gefängnisauto heraus
– lächelnd."[34]

Es war das letzte Mal, daß Frau Schneider das liebe Gesicht ihres Mannes sah. Sie ging allein davon. Wie tröstlich wäre es gewesen, wenn in dieser schweren Stunde einer der Amtsbrüder zur Stelle gewesen wäre! Die Möglichkeit dazu bestand.

Wer bist du, Mensch?

Wer bist du, Mensch,
der du den Menschen quälst,
ihn niederschlägst,
sein Antlitz raubst,
dich dann zum Richter wählst?

Wer bist du, Mensch,
der du den Menschen plagst,
mit Schmutz bewirfst,
sein Herz zerbrichst
und hohnvoll nach ihm fragst?

Wer bist du, Mensch,
der du dich hoch erhebst?
Du bist ein Nichts
ein – Satans Ball,
bis du zutiefst erbebst.

Im Winter kamen Abend für Abend im Pfarrhaus zu Dikkenschied Gemeindeglieder zusammen, um mit der Familie Fürbitte vor Gottes Angesicht für ihren Pfarrer zu halten.

Die Nachricht von der Überführung in ein Konzentrationslager eilte durch die Bekennende Kirche und erschütterte die Gemeinden in allen Teilen des Vaterlandes. Pfarrer Schneider war allein; keine offizielle Verlautbarung einer kirchlichen Stelle bekannte sich zu seiner Handlungsweise. Wohl wurden von verschiedenen Seiten Versuche unternommen, ihn frei zu bekommen; alles scheiterte am Nein der Gestapo. Frau Schneider fuhr persönlich nach Berlin und fürchtete sich nicht, in die allgemein gefürch-

tete Leitstelle der Geheimen Staatspolizei zu gehen. Sie
wurde hingehalten, der Chef und die Akten seien nicht da.
Nach dem fünften Versuch gab sie auf. Den „Chef" bekam sie nie zu Gesicht, und die Akten blieben „unterwegs". Ihr wurde zu verstehen gegeben, daß sie eine
Loyalitätserklärung für das herrschende System abgeben
sollte, womit sie das Verlangen der Machthaber, die Ausweisung, anerkennen würde. Sie lehnte ab; wie konnte sie
Verrat an der Sache üben, für die ihr Mann einstand! Un-
verrichteter Dinge kehrte sie wieder zu ihren Berliner
Freunden zurück. Anderen Tags trug Bischof D. Kurt
Scharf persönlich ein Gesuch von Frau Schneider zur Gestapo.

Von Buchenwald aus tröstete Pfarrer Schneider seine
Lieben daheim und schrieb den ersten Brief:

> „... Mit Gottes Hilfe wollen wir beiderseitig, auch Ihr
> zu Hause, fröhlich und getrost bleiben, zumal in dieser
> Vorweihnachtszeit. Wir wollen uns in diesem Jahr um
> so mehr die tiefsinnige Weihnachts- und Advents-
> freude, die unabhängig ist von den äußeren Umstän-
> den, erbitten ... Wir wissen ja sowieso unser Geschick in
> Gottes Hand."

Tief grub sich das Weihnachtsgeschehen in sein Herz ein.
Er war nicht von einer Stimmung erfaßt, sondern von der
Menschwerdung des Heilandes durchdrungen. In Bu-
chenwald bedeuteten Stimmungen und Gefühle nichts!
Da hatten nur solche Realitäten Gewicht, die das Durch-
halten ermöglichten. So schrieb er weiter:

> „Aber der treue Gott ist ja auch hier bei mir und kann
> mir auch diese ‚Ferne' zur ‚Heimat' machen und mir
> auch in dieser ‚Welt' adventlich begegnen. Ich bin ge-
> wiß, daß Ihr auch in diesem Sinne für mich betet. Wie

Paul Schneiders Zelle im Konzentrationslager Buchenwald.

werden sich jetzt die Kindlein mehr und mehr auf Weihnachten freuen und die Adventslieder mit Euch Großen singen! Gelt, sie haben jetzt noch einen besonderen Klang und eine besondere Verheißung für uns ‚Arme und Elende in dieser bösen Zeit, die ihr an allen Orten müßt haben Angst und Leid'. Daran wird es Euch auch nicht fehlen, vielleicht nicht nur im Vermissen des Vaters. Ob auch dunkle Wolken der Trübsal uns dies vor uns liegende Fest verdüstern, das ewige Licht, das ins Kripplein zu Bethlehem einging, wird um so reiner und sieghafter sich den Weg in unsere Herzen bahnen, daß wir, wenn auch getrennt, doch getröstet und gläubig feiern und uns der Liebe Gottes freuen können."

Von der Reise seiner Frau nach Berlin erhielt Pfarrer Schneider „zwischen den Zeilen" Nachricht. Er freute sich darüber. Ihm war es eine große Hilfe, daß sie in Berlin gleichgesinnte Menschen getroffen hatte, die sich ihrer und ihres Anliegen angenommen hatten. So schrieb er:

„Wie gut ist es, daß wir, auch wenn die schriftliche Verbindung einmal unterbrochen wird, doch im Glauben und Gottvertrauen miteinander verbunden sein und von der verzehrenden Sorge bewahrt bleiben dürfen! Ich freue mich sehr über die Reise, die Du gemacht, das schöne Erleben und die Verbindung mit so viel feinen, lieben Menschen, die Dir dabei geschenkt wurden ... Im übrigen wollen wir uns fest auf die Zusage Gottes verlassen, daß er die Gefangenen ausführt zur rechten Zeit, und unsere Seelen in Geduld fassen."

Der Glaube von Pfarrer Schneider wurde trotz Fronarbeit, die er im Steinbruch zu leisten hatte, immer leuchtender, immer tiefer. Auch im Konzentrationslager blieb er Seelsorger, sorgte sich um den Menschen. Sein Leidenskamerad Arthur Dietzsch berichtet:

„Wochenlang zog ich mit Paul Schneider am gleichen Knüppel einer Lore im Kommando SS-Führersiedlung unter dem ‚grünen‘ Kapo Berg bzw. dem ‚grünen‘ Vorarbeiter Pfeiffer. Ich war noch nicht lange bei diesem Kommando, als mir ein Posten die Mütze vom Kopf riß und sie weit wegwarf. Unwillkürlich wollte ich den Knüppel loslassen und meiner Mütze nacheilen. Da rief mir Paul Schneider zwischen den Zähnen zu: ‚Nicht loslassen! Hierbleiben!‘ Ich verstand! Am Ausladeplatz angekommen, forderte mich der Posten auf, ich solle meine Mütze holen. Anstatt dieser Aufforderung zu folgen, riß ich mir das Hemd auf der Brust auseinander und sagte, wenn man mich fertig machen wolle, dann solle man doch schießen, aber gleich und nicht von hinten. Der Posten fuhr mit dem Gewehr hoch, aber ein anderer Posten bemerkte gleichgültig: ‚Laß den; der weiß Bescheid!‘ Die Posten erhielten für jeden ‚Fluchtversuch‘, der durch ihre Tatkraft gescheitert war, drei Tage Urlaub und eine Sondervergütung in Geld, außerdem wurden sie bevorzugt befördert. Der Beweis für einen Fluchtversuch lag immer dann vor, wenn der Häftling im Rücken getroffen war. Paul Schneider hatte mir durch seine Warnung also buchstäblich das Leben gerettet."

Den Häftlingen durfte von ihren Angehörigen monatlich ein bestimmter Geldbetrag überwiesen werden, für den sie in der Häftlingskantine einige zusätzliche Lebensmittel einkaufen konnten. Arthur Dietzsch schreibt: „Interessieren dürfte ferner, daß Paul Schneider von dem Geld, über das er monatlich verfügen durfte, bedürftige Mithäftlinge unterstützt hat. Er kaufte für sie in der Häftlingskantine Zucker, Haferflocken, Schokolade und dergleichen nahrhafte Dinge, um sie vor völliger Entkräftung zu bewahren."

Seinen Lieben schrieb er immer: „Ich bin gesund und munter ..." Er umfängt sie so mit seinem liebenden Herzen. Seine Blicke richteten sich über das grausame Geschehen der Gegenwart hinweg auf Jesus Christus, als dessen Zeuge er sich wußte: „Betet für mich, daß ich auch hier in der Nachfolge unseres gekreuzigten Herrn erfunden werde und rechte Passionszeit halte! Euch wünsche ich auch, daß Ihr mit den lieben Gemeinden im Segen durch die Passionswochen geht."

Mochte das Herzeleid oder die Qualen noch so groß sein, er lebte, obwohl man ihm keine Bibel gestattete, mit dem Wort Gottes. Die von ihm zitierten Bibelverse betrafen immer seine ganze Existenz.

Der folgende Bericht von Arthur Dietzsch zeigt, daß er auch in schwierigster Situation seine innere Einstellung nicht verschwieg.

„Nicht nur bei der Arbeit, sondern auch beim Appell stand ich häufig in der Nähe von Paul Schneider. So auch am 1. Mai 1938, wo zum ersten und letzten Male eine Flaggenhissung stattfand, an der wir Häftlinge teilnehmen mußten. Nach dem Kommando ‚Mützen ab!' behielt Paul Schneider zum Entsetzen aller um ihn Stehenden seine Mütze auf dem Kopf. Auf meinen leisen Zuruf: ‚Paul, mach keine Dummheiten!' reagierte er nicht. Nach dem Wegtreten eilte ich sofort auf Paul Schneider zu und fragte ihn, weshalb er die Mütze nicht abgenommen habe. ‚Dieses Verbrechersymbol grüße ich nicht', antwortete er mit ungewöhnlicher Heftigkeit.

Während ich ihm noch vorhielt, doch an seine Frau und an seine Kinder zu denken, ertönte aus dem Lautsprecher der Befehl: ‚Derjenige Häftling, der beim Appell die Mütze nicht abgenommen hat, sofort ans Tor' und anschließend nochmals: ‚Wenn der Häftling sich nicht sofort meldet, wird das ganze Lager bestraft!' Darauf setzte Paul Schneider sich in Trab..."

Notar Alfred Leikam, der ebenfalls Häftling in Buchenwald war, schreibt:

„Nun begann der eigentliche Leidensweg von Paul Schneider. Er wurde zur SS gerufen, der er freimütig seine Haltung begründete. Als erstes bekam er fünfundzwanzig Stockhiebe auf dem A. und wurde anschließend in Dunkelarrest gesperrt, die eben bezeichnete Einzelhaft, in der er bis zu seinem Tode verblieb. Dort bekannte er der SS gegenüber unerschrocken seinen christlichen Glauben. In diesem Freimut war er wahrscheinlich der einzige in Deutschland. Er nannte also die Teufel bei Namen: Mörder, Ehebrecher, Ungerechte, Scheusale. Durch dieses Bekenntnis, dem er immer wieder die Gnade Christi gegenüberstellte und zur Buße rief, wurde Schneider abwechselnd schweren körperlichen Martern, Demütigungen und Ängsten ausgesetzt. Die körperlichen Martern bestanden in schweren Schlägen, Aufhängen am Fensterkreuz an den nach rückwärts gedrehten Armen frei oberhalb des Bodens, Essensentzug, schwarzem Bunker, d.h. Tag und Nacht wurde die Zelle völlig abgedunkelt, ohne Schlafmöglichkeit, in Angst- und Leidensschreien aus den nebenliegenden Zellen. Diese Qualzeiten wechselten ab mit relativ guten Zeiten, wie heller Zelle, vollem Essen, Schlafmöglichkeit, Heizung bei kalter Witterung, frei von Quälereien.

Schneider war unermüdlich, den anderen Häftlingen immer wieder Worte der Schrift zuzurufen, so vor allem morgens und abends beim Zählappell, wenn die Lagerbereitschaft vor dem Zellenbau antrat; ich selbst stand jedoch bereits außer Hörweite, doch wurde mir dies immer wieder bestätigt. An einem Januarmorgen 1939, als in dem Zellenbau zwei flüchtige Häftlinge nach ihrer Wiedergefangennahme ermordet worden waren, rief Schneider beim Zählappell: ‚Im Namen Jesu Christi bezeuge ich den Mord an den Häftlingen...‘, worauf ein weiteres Bekenntnis durch Schläge erstickt wurde. Die schlimmste Zeit für Schneider dürfte der Frühsommer 1939 gewesen sein. Während dieser Tage war er in halber Höhe an den nach rückwärts gezerrten Händen gefesselt, so daß er immer in halbgebückter Stellung verbleiben mußte. – Das Andenken von Schneider war bei allen Häftlingen ehrerbietig und des Lobes voll. Für ihn galt das Wort, daß ‚seine Bande in Christo im ganzen Richthause offenbar geworden sind‘. Er ist meines Erachtens in Deutschland der einzige, der so bewußt in Überwindung der menschlichen Furcht das Kreuz Christi bis zum Tode auf sich genommen hat und unter dem Wort des Glaubens stand: ‚Unser Glaube ist der Sieg, der die Welt überwunden hat.‘

Wenn einer das ‚Ehrenkleid‘ Christi trägt und seines Leidens gewürdigt wurde, so Pfarrer Schneider. Ich konnte und kann seiner nur in Ehre gedenken. Wer von uns möchte sich diesem Geheimnis Christi gegenüber rühmen?"

Während dieser Zeit betrieb die Geheime Staatspolizei in Koblenz in enger Verbindung mit dem von Deutschen Christen beherrschten Evangelischen Konsistorium, das inzwischen nach Düsseldorf übergesiedelt war, die Entfernung von Pfarrer Schneider aus dem Pfarramt. Am 29. April 1939 fand zwischen dem stellvertretenden Leiter der Staatspolizeileitstelle Koblenz, Dr. Hoffmann, und dem Konsistorialpräsidenten, Dr. Koch, ein Gespräch über unliebsame Pfarrer im Regierungsbezirk Koblenz statt. Die Gestapo wünschte, daß insgesamt acht Pfarrer aus dem Amt entfernt werden sollten. Am Ende eines nur für den persönlichen Dienstgebrauch vom Konsistorium erstellten Berichtes, in dem die acht Pfarrer aufgezählt waren, hieß es:

„Unter Hinweis auf unsern kürzlichen Besuch bei der Regierung in Koblenz, wo über die Frage der Sperrung von Staatszuschüssen bei einer Reihe von uns hierfür genannten Pfarrern verhandelt worden war, wurde auch in dieser Besprechung festgestellt, daß ein möglichst einheitliches Vorgehen zwischen Regierung, der Gestapo und uns stattfinden müsse. Die Zusammenarbeit würde sich in der Weise vollziehen, daß unsere Versetzungsmaßnahme im zeitlichen Zusammenhang mit den staatlichen Zuschußsperrungen durchgeführt würden.

Auf jeden Fall soll aber in allen diesen Angelegenheiten eine regelmäßige gegenseitige Verständigung über die zu ergreifenden Maßnahmen und beabsichtigten Schritte mit Regierung und Gestapo zur Erhöhung der Schlagkraft und im Sinne einer vertrauensvollen Zusammenarbeit erfolgen."

Pfarrer Schneider stand in diesem vertraulichen Aktenvermerk obenan: Er sollte als erster aus dem Amt entfernt werden. Am 5. Juni 1939 schrieb das Konsistorium an die Geheime Staatspolizei: „... Wir möchten hierbei noch die Bitte anknüpfen, im Falle Pfarrer Schneider auch die Tatsache zum Ausdruck zu bringen, daß mit einer Entlassung aus dem Konzentrationslager auf absehbare Zeit nicht zu rechnen sei."

Zuvor hatte man von seiten der deutschchristlich geführten Kirche die gesetzlichen Verordnungen geschaffen, die solche Versetzungen ermöglichten und ihnen den Schein des Rechts verliehen. Daß bei der am 18. März 1939 verkündeten Verordnung der „Fall" Pfarrer Schneider eine besondere Rolle spielte, dürfte unbestritten sein.

Pfarrer Schneider wurde weiterhin von der SS in Einzelhaft gehalten. Seine Briefe aus der Arrestzelle zeugen von einem starken Glauben und dem Wissen, daß wir so oder so auf dem Wege zur Ewigkeit sind.

„... Darum ist es gut und klug, wenn wir unser Herz nicht an Erdengärten hängen und nicht vergessen, den Garten unseres Herzens fürs Himmelreich fleißig zu bestellen mit den Früchten des Geistes, wozu freilich noch mehr Mühe und Geduld gehört als für die Erdengärten."

In seinen Briefen gedachte er stets seiner sechs Kinder und versetzte sich in ihr augenblickliches Tun:

„Was ich so liebe, fleißige Kinder habe, ist mir auch hier ein rechter Trost. Wie lebhaft kann ich mir den Kartoffelacker vorstellen mit all dem kleinen Kinder- und Weibsvolk und mit dem karstschwingenden Hünen dazwischen! Sicher schmecken die Pellkartoffeln nachher doppelt..."

Ein von der SS verhängtes Schreibverbot ließ ihn für längere Zeit verstummen. Am 20. März 1939 durfte er wieder schreiben:

„Wie bin ich froh, daß ich wieder schreiben und ein Lebenszeichen von mir geben darf!"

Der gefürchtete Bunkerwächter, SS-Scharführer Martin Sommer, hatte Pfarrer Schneider zu „betreuen". Sein Leiden können wir nicht einmal von ferne nachempfinden. Die SS konnte seinen Glaubensmut und seine Furchtlosigkeit nicht ertragen. Dem Kommandanten soll Pfarrer Schneider einmal ins Gesicht gesagt haben: „Sie sind ein Massenmörder! Ich klage Sie an vor dem Richterstuhl Gottes! Ich klage Sie an des Mordes an diesen Häftlingen!" Im Juli 1939 wurde Pfarrer Schneider von seiner Arrestzelle ins 800 Meter entfernte Häftlingsrevier gebracht. Der Fußweg bedeutete für diesen geschwächten Körper eine ungeheure Anstrengung. Wer diese Behandlung angeordnet hat und welche Gründe dabei eine Rolle gespielt haben, ist bis heute nicht bekannt. Es ist möglich, daß dabei die vom Konsistorium in Düsseldorf im Bunde mit der Gestapo betriebene Versetzung in den Warte- bzw. Ruhestand diese Aktivität ausgelöst hat. Tatsache ist, daß der Lagerarzt, Dr. Ding-Schuler, die Behandlung persönlich durchführte, was bei den Mithäftlingen Verwunderung und Mißtrauen hervorrief. Ob damit die zur Versetzung nach kirchlichem Recht benötigte Unterschrift des Betroffenen „erzwungen" werden sollte? Die Gestapo hatte dem Konsistorium mitgeteilt, daß sie für die Beschaffung der Unterschrift sorgen wollte.

Leidenskameraden von Pfarrer Schneider berichten, daß er in den letzten Monaten der Haft durch ein Herzleiden sehr geschwächt war. Sein Mithäftling H. Mißlitz schreibt: „In den letzten Monaten stellte sich Herz- und Kreislaufschwäche ein, die vor allem in den Füßen Wasser zur Folge hatte. Letztere hatte natürlich auch das lange Stehen bei Fesselungen zur Ursache gehabt. Zuerst kümmerte man sich nicht um die zunehmenden Krankheitserscheinungen und ließ ihm keinerlei Pflege zuteil werden. Erst kurz vor seinem Tode wurde er unter Bewachung von Sommer oder einem anderen Massenmörder ins Revier gebracht. Die Häftlingssanitäter haben zweifellos, wie in anderen solchen Fällen, auch ihr Bestes getan. Mit ambulanter Behandlung ist in solchen Fällen natürlich nichts getan. Ein Freund von mir, Helmut Thiemann aus Werdau/Sachsen, half Paul Schneider bei den Besuchen des Reviers durch Rotlicht u.a., was nur irgendwie in seinen Kräften stand. Das Ende ist Ihnen bekannt."

Walter Poller, der damals Häftlingsarztschreiber in Buchenwald war, schreibt:

„... Im Sommer 1939 bekam ich Paul Schneider zum erstenmal aus nächster Nähe zu Gesicht. Er wurde von dem SS-Scharführer Sommer plötzlich in das Häftlingsrevier gebracht. Welch ein Anblick! Niemals habe ich die tiefe Tragik des Pilatuswortes ‚Ecce homo' erschütternder gefühlt. Das große, edle, fahlgelbe Gesicht mit den hellen, offenen Augen, leidzerfurcht und doch voll jener Verklärung, die edelstes Menschentum und entschlossener Wille auf jede Kämpferstirne legt. Der Körper abgemagert zum Skelett, die Arme unförmig geschwollen, an den Handgelenken blaurote, grüne und blutige Einschnürungen und die Beine – es waren keine Menschenbeine mehr – es waren Elefantenbeine – Wasser! Wir, die wir viele, viele Häftlinge schon hatten an Kreislaufstörungen sterben sehen, standen vor einem Rätsel: Wie war es möglich, daß dieser Mensch noch lebte? Daß er in diesem Zustande, zwar unbeholfen und wankend, aber doch aus eigener Kraft den langen Weg über den großen Appellplatz, durch die endlos lange Barackenreihe und durch den Wald hinunter ins Häftlingsrevier zu gehen vermocht hatte ...“[35] Pfarrer Schneider hat die Behandlung nicht überlebt! Oder sollte er sie nicht überleben? Frau Schneider erhielt am 18. Juli 1939 um halb sieben Uhr das folgende Telegramm:

„Paul Schneider, geb. 29.8.1897, heute verstorben. Falls Überführung auf eigene Kosten erwünscht, Antrag innerhalb vierundzwanzig Stunden an das Bestattungsamt in Weimar, sonst Einäscherung. Lagerkommandant Buchenwald.“

Frau Schneider begab sich noch in der Nacht mit einem Freund ihres Mannes, Pfarrer Petry, nach Buchenwald, um den geliebten Gatten und Hirten von Dickenschied und Womrath nach Hause zu holen. Die SS-Gewaltigen heuchelten der Witwe Beileid vor. Sie durfte ihn im Sarg noch einmal sehen und schreibt: „Auf Pauls Gesicht lag der Friede und die Hoheit der Erlösten. Ich durfte Paul in diesem kurzen Augenblick mit den Augen des Glaubens sehen: ‚Rein und frei und ganz vollkommen nach dem besten Bild gebild’t‘... Wie selig die Ruhe bei Jesus im Licht; Tod, Sünden und Schmerzen, die kennt man da nicht.“[36]

Pfarrer Petry sprach: „Weil du vom Tod erstanden bist, werd' ich im Grab nicht bleiben: mein höchster Trost dein' Auffahrt ist. Todesfurcht kann sie vertreiben. Denn du bist mein, und ich bin dein, und wo du bist, da werd' ich sein, drum fahr' ich hin mit Freuden" und betete das Vaterunser.

Der Sarg wurde auf ausdrücklichen Befehl der SS von den beiden Leidenskameraden Pfarrer Schneiders, Peix und Poller, mit sieben roten Siegeln versehen.

Frau Schneider wurde zwar erlaubt, den Sarg in der Kirche zu Dickenschied aufzubahren, jedoch nicht in einem Privathaus. Es wurde ihr zur strikten Auflage gemacht, den Sarg nicht mehr zu öffnen.

In Dickenschied wartete eine große Gemeinde in der Kirche auf die Rückkehr ihres toten Pfarrers. Mit Trostliedern von Paul Gerhardt tröstete die Gemeinde sich und ging erst um Mitternacht still nach Hause. Der Sarg wurde in Simmern von der Polizei in die Kapelle des Kreiskrankenhauses gebracht und dort bis zum Beerdigungstag verwahrt. Hatte man doch Angst, daß er geöffnet würde? Hatte man vor der Wahrheit Angst?

Die Nachricht vom Tode Pfarrer Schneiders eilte durch die Bekennende Kirche des Deutschen Reiches. Die Trauergäste kamen aus allen Teilen Deutschlands und stimmten in der Kirche den Siegesgesang an: „Gloria sei dir gesungen mit Menschen- und mit Engelzungen, mit Harfen und mit Zimbeln schön." Wie eine Woge pflanzte sich der Gesang auf der Straße zum Friedhof fort. Aus der römisch-katholischen Kirche trat der Priester mit seiner Gemeinde und schloß sich dem Trauerzug an. Etwa 170 evangelische Pfarrer im Talar und 30 ohne Talar folgten dem Sarg, der von Presbytern getragen wurde. Es mögen 30 Redner gewesen sein, die am Grabe das Evangelium von Jesus Christus bezeugten. Die Gestapo, die die Beerdigungsfeierlichkeiten überwacht hatte, war verunsichert.

Einer von ihnen äußerte dem Hamburger Pastor Bernhard Heinrich Forck gegenüber: „So werden Könige begraben." „Kaum", antwortete dieser, „aber hier wird ein Blutzeuge Jesu Christi zu Grabe getragen."

Pastor Forck, der spätere Superintendent von Wittenberg, gab am Grabe das Votum für die damalige „Vorläufige Leitung der Deutschen Evangelischen Kirche" und der Bekennenden Kirche von Hamburg und Schleswig-Holstein ab, sein Aufsatz über Pfarrer Schneider endet:

„Schneiders Leben und Sterben ist von Gott gesegnet worden. Es bleibt eine ständige Mahnung für die evangelische Kirche, sich auf ihren Auftrag zu besinnen und im Gehorsam gegen den Befehl Jesu Christi auch Bußzucht zu üben.

Von Schneider darf mit Recht das Wort gesagt werden, das einer der Teilnehmer an der Bestattung ihm nachrief:

Er hat getragen Christi Joch,
Er ist gestorben und lebt noch."[37]

Denkmal zur Erinnerung an Paul Schneider in der Nationalen Mahn- und Gedenkstätte Buchenwald.

Schlußanmerkung

Der Autor dieses Buches ist oft gefragt worden, wie sich das Leben der Familie Schneider nach dem Tode des Vaters weiter gestaltet hat. Von Dickenschied siedelte die Familie mit Hilfe von Freunden aus der Bekennenden Kirche nach Wuppertal über. In einer Bombennacht im Kriege verlor sie dort mit ihrem Heim auch ihr Hab und Gut. In Tübingen fanden sie zunächst eine spärliche Unterkunft, bevor sie später eine geeignete Wohnung bezogen. Die Kinder erhielten nach ihrem Schulabschluß eine Berufsausbildung. Ein Sohn wurde Pfarrer, der andere Jurist. In Dickenschied hatte Pfarrer Schneider noch ein Gartengrundstück erworben, auf dem Frau Schneider nun ein Fertighaus errichtete, um dort ein Zuhause zu haben.

Die Pfarrstelle Dickenschied/Womrath wurde vom Konsistorium nicht mit einem „Deutschen Christen" besetzt, sondern mit einem Pfarrer, der aus gesundheitlichen Gründen sein Pfarramt wechseln mußte. Er gehörte keiner Gruppierung an. Das Konsistorium konnte es damals nicht wagen, einem radikalen „Deutschen Christen" die Pfarrstelle zu übertragen. Später übernahm der Vikar, der Pfarrer Schneider während seiner Inhaftierung vertreten hatte und von der Bekennenden Kirche unterhalten wurde, offiziell als Pfarrer das Amt.

Erschüttert wurde die leidgeprüfte Familie Schneider, als die beiden Söhne bei einem unverschuldeten Autounfall ums Leben kamen.

Frau Schneider diente weiterhin der Kirche mit Wort und Tat, soweit es ihr familiär möglich war. Auf Gemeindeabenden, in Frauen- und Jugendkreisen berichtete sie von ihren Erfahrungen und legte das Wort der Heiligen

Schrift aus und wies immer wieder auf unsere segensreichen Gesangbuchlieder hin.

In der Bundesrepublik wie auch in der DDR gibt es Gemeindehäuser, Gemeinderäume und Schulen, die den Namen Paul Schneider tragen.

Noch eine kurze Anmerkung zu den Peinigern von Pfarrer Schneider: Standartenführer Koch, der Kommandant von Buchenwald, wurde 1942 in ein anderes Konzentrationslager versetzt.

1943 war er mit anderen in ein Korruptionsverfahren verwickelt, das vor einem SS-Gericht verhandelt wurde und für Koch mit dem Todesurteil endete. Kurz vor Ende des Krieges wurde dieses von der SS vollstreckt. Dr. med. Ding-Schuler erhängte sich nach seiner Verhaftung als Kriegsverbrecher.

Der Scharführer und Bunkerwächter Martin Sommer wurde von einem SS-Gericht wegen verschiedener Manipulationen zur Frontbewährung befohlen. Schwer verwundet kehrte er aus dem Krieg zurück. 1958 fand in Bayreuth der Prozess statt, in dem noch einmal das Grauenhafte, das Unmenschliche seiner Taten offen vor aller Welt dargelegt wurde. Lebenslange Zuchthaushaft lautete das Urteil. Gegenwärtig wird er, da er sich nicht allein helfen kann, auf einer von Christen geleiteten Pflegestation betreut.

Abkürzungen

NSDAP = Nationalsozialistische Deutsche Arbeiterpartei
Gliederungen der NSDAP:
  HJ = Hitlerjugend
  BdM = Bund deutscher Mädchen
  SA = Sturmabteilung
  SS = Schutzstaffel
DC = „Deutsche Christen". Eine Gruppierung innerhalb der
     Kirche, die sich dem Nationalsozialismus verschrieben
     hatte.
Tgb. = Tagebuch

Anmerkungen

1 Das Dorf besteht heute nicht mehr. Die Bewohner wurden des Fluglärms wegen umgesiedelt.
2 Eine studentische Verbindung, die sich dem Christentum zugehörig verstand.
3 vgl. hierzu Volz, Paul; Prophetengestalten des Alten Testaments. Stuttgart 1938.
4 Der Prediger von Buchenwald; 11. Aufl., Berlin 1964; Seite 21.
5 ebd. Seite 22.
6 ebd. Seite 21.
7 ebd. Seite 25.
8 siehe Abkürzungsverzeichnis.
9 Hitler, Adolf; Mein Kampf. München 1934; Seite 361f.
10 Das Parteiprogramm der NSDAP. Abgedruckt: Deuerlein, Ernst (Hrsg.); Der Aufstieg der NSDAP in Augenzeugenberichten. München 1980.
11 Bonhoeffer, Dietrich; Gesammelte Schriften Bd. II/Seite 48; München 1965.
12 Amtliches Presseorgan der NSDAP.
13 Voller Wortlaut in: Trotz der Höllen Toben. Seite 65ff. Berlin 1967.
14 Rosenberg, Alfred; Wesen und Grundsätze und Ziele der NSDAP. 16. Aufl. München 1937; Seite 58.

15 ebd. Seite 59.

16 wie unter Anm. 11; Seite 483.

17 wie unter Anm. 13; Seite 99f.

18 Niemöller, Wilhelm; Aus dem Leben eines Bekenntnispfarrers. Bielefeld 1961; Seite 170.

19 Eine von der Bekennenden Kirche gebildete „Vorläufige Kirchenleitung".

20 Leitungsgremium der Bekennenden Kirche.

21 vgl. Schmidt, Kurt; Dokumente des Kirchenkampfes II. Zweiter Teil Nr. 344; Seite 984. Göttingen 1965.

22 Wochenblatt der SS.

23 wie unter 21. Seite 985 f.

24 ... und sollst mein Prediger bleiben; Zeugnisse von Paul Schneider, Gießen 1966, Seite 130 f.

25 Bonhoeffer, Dietrich; Gesammelte Schriften. Bd. III; Seite 374 f.; vgl. auch Seite 369; München 1966.

26 Calvin, Johannes; „Institutio" IV/12,1; Seite 842 (übersetzt u. bearbeitet von Otto Weber, Neukirchen 1955).

27 Luther, Martin; Ausgewählte Werke. Bd. I Seite 399ff. vgl. auch Ausgabe Clemens Bd. I Seite 213.

28 Rheinisch-Westfälische Kirchenordnung von 1923.

29 Eine besonders radikale, dem Nationalsozialismus geneigte Gruppierung der Deutschen Christen.

30 Wie unter Anm. 4; Seite 88.

31 Steinbauer, Karl; Die Predigt vor dem Kriegsgericht. Verlag „Kirche und Mann"; Seite 15.

32 Wie unter Anm. 13; Seite 159 ff.

33 Wie unter Anm. 24; Seite 158.

34 Wie unter Anm. 4; Seite 166.

35 Poller, Walter; Arztschreiber in Buchenwald. Offenbach/Main 1960; Seite 196.

36 Wie unter Anm. 4; Seite 208.

37 Forck, Bernhard Heinrich; Und folget ihrem Glauben nach. Stuttgart 1949; Seite 48.

Literaturverzeichnis

Bonhoeffer, Dietrich: Gesammelte Werke. Band II/III München 1965/66.

Calvin, Johannes: Unterricht in der christlichen Religion. Übersetzt und bearbeitet von Otto Weber; Neukirchen 1955.

Gauger, Joseph: Chronik der Kirchenwirren.

Hitler, Adolf: Mein Kampf. München 1934.

Kogon, Eugen: Der SS-Staat. München 1974.

Luther, Martin: Ausgewählte Schriften. Bd. I, München 1951.

Meyer, Kurt: Der evangelische Kirchenkampf. Halle/Saale und Göttingen Bd. I/1984. Bd. II/1976; Bd. III/1984.

Niemöller, Wilhelm: Die Evangelische Kirche im Dritten Reich. Bielefeld 1956.

Niemöller, Wilhelm: Aus dem Leben eines Bekenntnispfarrers. Bielefeld 1961.

Poller, Walter: Arztschreiber in Buchenwald. Offenbach/Main 1960.

Rosenberg, Alfred: Wesen, Grundsätze und Ziele der NSDAP. München 1930.

Rosenberg, Alfred: Der Mythos des 20. Jahrhunderts. 194. Aufl. München 1942.

Schneider, Paul: Tagebuch (Ms).

Schneider, Margarete: Der Prediger von Buchenwald. 11. Aufl. Berlin 1964; Neuauflage Stuttgart 1981.

Scholder, Klaus: Die Kirchen und das Dritte Reich. Bd. I Frankfurt/Berlin 1977; Bd. II 1985.

Volz, Paul: Prophetengestalten des Alten Testaments. Stuttgart 1938.

Wentorf, Rudolf (Hrsg.): ... und sollst mein Prediger bleiben. Gießen/Basel 1966.

Wentorf, Rudolf (Hrsg.): Trotz der Höllen Toben. Berlin 1967. Neuauflage unter dem Titel „Der Fall des Pfarrer Schneider" in Vorbereitung.

Wentorf, Rudolf: Der Zeuge von Buchenwald – Paul Schneider. Gießen/Basel 1967.

Archive: Archiv der Rheinischen Kirche, Düsseldorf
Bundesarchiv in Koblenz
Privatarchiv von Frau Pfarrer Schneider, Dickenschied.

Jubiläumsausgabe

Zeugen des gegenwärtigen Gottes,

die bekannte Reihe mit Kurzbiographien, wird 50 Jahre alt!
Aus diesem Anlaß werden 10 Bände – leicht bearbeitet und mit
Fotos versehen – neu herausgegeben.

*„In verständlicher Sprache und komprimierter Form wird das Leben von
Menschen nachgezeichnet, deren Glaubenszeugnis auch für unsere Zeit zu
vertieftem Nachdenken einlädt."*

Landesbischof D. Dr. Johannes Hanselmann

*„Die ‚Zeugen-Reihe' hat mir schon viele wichtige Einsichten und Anstöße
gegeben. So freue ich mich, daß eine Auswahl dieser Bände neu erscheinen
wird. Ich werde, wie bisher, gerne nach ihnen greifen."*

Prälat Theo Sorg

13801 F. Seebaß
Paul Gerhardt

13802 E. Bunke
August Hermann Francke

13803 A. Pagel
Gerhard Tersteegen

13804 A. Pagel
Marie Durand

13805 F. Seebaß
Matthias Claudius

13806 A. Münch
Johann Christoph Blumhardt

13807 W. Landgrebe
I. Ludwig Nommensen

13808 N. P. Grubb
Charles T. Studd

13809 F. Seebaß
Mathilda Wrede

13810 R. Wentorf
Paul Schneider

13800
Alle 10 Taschenbücher in einer Kassette

BRUNNEN VERLAG GIESSEN

Brunnen Taschenbücher

13011 Erich Schick
Seelsorge an der eigenen Seele

13024 Isselmann/Wunderlich
Der Sieg geht weiter

13026 Ada Lum
Ledig – na und?

13030 Walter Köhler
Intim vor der Ehe?

13057 Adolf Wunderlich
Mit dem Neuen Testament bis nach Sibirien

13067 Isselmann/Wunderlich
Das Licht der Gerechten brennt fröhlich

13068 Johanna Lorch
Opfernd reift die Frucht

13084 Isselmann/Wunderlich
Immer grüne Welle

13087 Sanders/Fraser
Wirksames Gebet

13100 Ernst Schreiner
Die Harfe der Hugenottin

13102 Walter Wanner
Wer bin ich – wer bist du?

13116 Adolf Wunderlich
Von Gott umgeben

13124 Ernst Schreiner
Die Meistergeige

13126 Klaus Bockmühl
Auf dem Weg

13129 Wilhelm Landgrebe
Dietrich Bonhoeffer

13139 Erich Schick
Geistesleitung

13145 Ernst Schreiner
Gesprengte Ketten

13146 Schick/Haag
Christian Friedrich Spittler

13147 Oswald Sanders
Maßstäbe, die herausfordern

13149 Anne Townsend
Überraschungen mit dem Gebet

13150 C.S. Lewis
Pardon, ich bin Christ

13156 Isobel Kuhn
Die mich suchen/ In der Arena

13163 Dieter Theobald
Stets zu Diensten

13164 Garth Lean
John Wesley

13166 Isselmann/Wunderlich
Der Herr macht Programm

13173 Werner Stoy
Du bist krank – ich kann dich verstehen

13174 Andreas Markusson
In der Finsternis wohnen die Adler

13175 Martin Luther
Wie man beten soll

13176 Ulrich Liedholz
Hoffen auf Leben

13178 Maria Stiefl-Cermak
Jemand hat mir zugelächelt

13180 Sheldon Vanauken
Eine harte Gnade

13192 Walter Wanner
Die Zukunft gewinnen – Das Leben meistern

13195 Dieter Weber
Öffne den Himmel über mir

13196 John Pollock
Hudson Taylor – Pionier im verbotenen Land

13203 Gerd Rumler
Klarer Kopf trotz matter Scheibe

13206 Walter Wanner
Signale aus der Tiefe

13207 Dieter Theobald
Alles halb so schlimm

13208 Manfred Siebald
Ist schon alles gesagt?

13209 J.H. Oldham
Ein Mensch wagt zu lieben

13225 Jay Adams
Christsein auch zu Hause

13233 Walter Wanner
Seelische Krisen erkennen, verstehen, bewältigen

13234 Siegfried Kettling
Wie der Mensch zum Menschen wird

13235 Ursula Koch
Sahel heißt Ufer

13236 Willy Kramp
Deine unbesiegbare Kraft

13237 Michael Griffiths
Gottes herrliches Volk

13252 Peter Barall
Wege aus der Angst

13253 John H. Gerstner
Warum läßt Gott das Gute zu?

13254 Willy Kramp
Wir sind Beschenkte

13255 Johanna Lorch
Solange es Tag ist

13256 Robert A. Morey
Was ist dran am Horoskop?

13257 Albrecht Schöll (Hrsg.)
Handbuch Jugendreligionen

13262 Friso Melzer
Anthroposophie – Ausweg oder Irrweg?

13263 Andreas Benda (Hrsg.)
Noch die kleinste Pfütze spiegelt den Himmel

13264 Dieter Theobald
Bedenkliches / Gebete aus dem Kirchenschiff

13265 Noreen Riols
Manchmal wünschte ich mir Flügel

13266 C.S. Lewis
Was man Liebe nennt

13267 Oswald Sanders
Und die Menschen ohne Evangelium?

13281 Daniel Bacon
Beruf mit Zukunft

13282 Urie A. Bender
Ihr werdet meine Zeugen sein

13283 Rolf Bielke
Kennzeichen C

13284 Heinz Böhm
Tödliches Schweigen

13285 Markus Maggi
Sieg trotz Niederlage (Arb.-Titel)

13286 Robert Vittoz
Jenseits der Wälder

13287 Hanna Ahrens
Schenk mir einen Regenbogen